AF452789

PETITE
ENCYCLOPÉDIE
DU JEUNE AGE

PRÉPARANT LES ÉLÈVES A L'ÉTUDE

DE L'ORTHOGRAPHE, DE LA GRAMMAIRE, DE LA LEXICOLOGIE
ET DE L'ARITHMÉTIQUE

PAR

P. LAROUSSE

Auteur de *la Lexicologie des Écoles.*

PARIS

LAROUSSE ET BOYER, LIBRAIRES-ÉDITEURS,

RUE PIERRE-SARRAZIN, N° 2.

(Au coin de la rue de la Harpe.)

1853.

Chaque exemplaire est revêtu de la signature des Éditeurs.

N. B. MM. les Instituteurs qui croiraient qu'un *Guide du Maître* est nécessaire pour cette petite *Encyclopédie*, sont priés de faire connaître leur désir à l'Auteur, rue Pierre-Sarrazin, 2, par lettre affranchie.

Paris.—Typ. de Mᵐᵉ Vᵉ Dondey-Dupré, rue Saint-Louis, 46, au Marais.

AVERTISSEMENT.

—

Cette *Petite Encyclopédie* s'adresse aux enfants qui ont fini les tableaux de lecture et qui commencent à écrire en fin. Il est très-difficile dans une classe nombreuse d'occuper constamment, et d'une manière efficace, les vingt-cinq ou trente élèves qui sont arrivés à ce degré intermédiaire de leur instruction. Il n'est pas encore temps de mettre entre leurs mains une grammaire, qu'ils ne comprendraient pas ; cependant il leur faut un livre qui renferme autre chose que des exercices de lecture et de mémoire exclusivement ; un livre au moyen duquel ils puissent travailler seuls, pendant que le maître s'occupera des autres élèves plus faibles ou plus avancés. Il faut que ce livre serve d'introduction à l'étude de l'*Orthographe*, de la *Grammaire*, de la *Lexicologie* et de l'*Arithmétique*.

C'est cet ouvrage que nous publions aujourd'hui.

Il comprend quatre parties :

Première partie. *Exercices de mémoire et d'orthographe usuelle.*

Les enfants liront ces petits exercices et ils les copieront jusqu'à ce qu'ils soient parvenus à les reproduire sans faute ; puis ils les apprendront par cœur.

Deuxième partie. *Premières notions de langue française.*

Cette deuxième partie présente une théorie très-élémentaire du *nom*, de l'*adjectif* et du *verbe.* Nous avons soigneusement indiqué à la suite de chaque exercice si le travail est écrit ou oral. Les deux verbes auxiliaires et les paradigmes des quatre conjugaisons, qui terminent ce chapitre, doivent être appris par cœur. Lorsque les élèves sauront parfaitement ces six verbes, le maître pourra les initier aux finales des trois conjugaisons, régulières. Ce travail anticipé ne laissera pas que d'aplanir beaucoup les difficultés des études subséquentes.

TROISIÈME PARTIE. *Exercices lexicologiques.*

Ici, plus de mille mots rangés en famille, donnent à l'enfant une première idée du mécanisme, du génie, de la beauté et de la richesse de sa langue maternelle. Ces exercices développent l'intelligence et préparent les élèves aux devoirs qu'ils rencontreront plus tard dans notre *Lexicologie des Écoles.*

QUATRIÈME PARTIE. *Exercices de calcul mental.*

Nous naissons tous calculateurs. Donnez à un maître habile un enfant qui sache compter jusqu'à cent, et, sans le secours d'aucune démonstration théorique, il l'amènera à résoudre, par ses seules facultés naturelles, mille questions ingénieuses. Tel est l'objet de cette quatrième partie. L'addition, la soustraction, la multiplication, la division et les fractions y sont enseignées pratiquement au moyen de 800 exercices et problèmes, qui donnent au jugement de l'enfant cette rectitude que les chiffres seuls font acquérir. Tous les problèmes de ce chapitre doivent être résolus mentalement, oralement, sans le secours de la plume.

Si, comme nous le croyons, une longue expérience basée sur l'observation constante et attentive des faits, suffit pour donner de la valeur à un livre élémentaire, cette *Petite Encyclopédie* aura du succès.

« *La conscience rassure mieux que la science,* » disait le docteur anglais au paria. S'il nous était permis d'appliquer ici, en la modifiant un peu, cette vérité profonde, nous dirions : *L'expérience vaut mieux que la science.*

PETITE
ENCYCLOPÉDIE DU JEUNE AGE.

PREMIÈRE PARTIE.

EXERCICES DE MÉMOIRE ET D'ORTHOGRAPHE USUELLE.

TEMPS (1).

Lundi, mardi, mercredi, jeudi, vendredi, samedi, dimanche; janvier, février, mars, avril, mai, juin, juillet, août, septembre, octobre, novembre, décembre; printemps, été, automne, hiver, siècle, année, saison, mois, semaine, jour, heure, minute, seconde, minuit, midi, aurore, crépuscule, carnaval, carême, canicule.

UNIVERS.

Soleil, terre, lune, étoile, planète, comète, éclipse, ciel, horizon, air, atmosphère, aérolithe, nuage, arc-en-ciel, tonnerre, éclair, orage, ouragan, pluie, grêle, neige, gelée, glace, givre, verglas, brume, brouillard, vent, bise, aquilon, zéphyr, lumière, chaleur.

---

(1) Les quatorze premiers Exercices ne sont pas destinés à être appris par cœur.

TERRE.

Terre, contrée, royaume, département, arrondis-
sement, canton, commune, montagne, avalanche,
plaine, vallée, vallon, désert, oasis, mer, océan,
fleuve, rivière, levant, couchant, nord, midi, nation,
peuple, peuplade, tribu, capitale, cité, ville, fau-
bourg, bourg, bourgade, hameau.

LES TROIS RÈGNES DE LA NATURE.
Animaux.

Quadrupède, oiseau, poisson, reptile, insecte, am-
phibie, carnassier, carnivore, insectivore, frugivore,
granivore, herbivore, rongeur, ruminant, grimpeur,
gallinacé, échassier, chien, cheval, bœuf, brebis,
loup, renard, lion, tigre, panthère, sanglier, éléphant,
hippopotame, dromadaire, baleine, dauphin, requin,
aigle, vautour, fauvette, bouvreuil, autruche, perdrix,
faisan, oie, canard, écrevisse, araignée, abeille, mouche, taon.

Végétaux.

Froment, seigle, orge, maïs, riz, avoine, luzerne,
chanvre, haricot, persil, épinards, oseille, céleri,
asperge, artichaut, cornichon, carotte, betterave, ail,
fleur, violette, rose, marguerite, giroflée, œillet, hé-
liotrope, thym, chardon, arbre, tronc, rameau,
feuille, bourgeon, fruit, gland, fraise, orange, grenade, pêche, noyer, châtaignier, cognassier, noi-
setier.

Minéraux.

Métal, platine, or, argent, cuivre, fer, rouille,

acier, plomb, étain, zinc, tôle, mercure, chaux, argile, caillou, sable, marbre, cristal, diamant, perle, rubis, topaze, émeraude, houille, tourbe, bitume, asphalte, sel, potasse, salpêtre, soufre.

HIÉRARCHIE.

Empereur, czar, roi, doge, potentat, monarque, sultan, dey, prince, duc, marquis, comte, baron, gentilhomme, citoyen, serf, ministre, préfet, sous-préfet, maire, pape, cardinal, archevêque, évêque, curé, vicaire, diacre, maréchal, général, colonel, commandant, capitaine, lieutenant, sous-lieutenant, sous-officier, caporal, soldat.

CRI DES ANIMAUX.

Le loup hurle, le chien aboie ou jappe, la brebis bêle, l'âne brait, le taureau mugit, le lion rugit, le cheval hennit, le chat miaule, le renard glapit, la poule glousse, le pigeon roucoule, le corbeau croasse, la grenouille coasse, l'abeille bourdonne, le serpent siffle.

DÉNOMINATIONS.

Le cheval a une bouche, le lion a une gueule, le renard a un museau, l'homme a une maison, le rossignol a un nid, l'aigle a une aire, l'abeille a un aiguillon, l'éléphant a une trompe, le chat a des griffes, le chien a des ergots, le cheval a un sabot, le bœuf a des pieds, le loup a des pattes, les moutons ont de la laine, les poissons ont des écailles, les oiseaux ont des plumes, les arbres ont de l'écorce.

FONCTIONS.

L'oreille entend, l'œil voit, la main saisit, les dents broient, la vipère mord, l'abeille pique, les remèdes guérissent, le poison tue, le poisson nage, l'oiseau vole, la grenouille saute, le serpent rampe, l'homme marche, l'eau désaltère, le vin enivre, le sel assaisonne.

[INDUSTRIE.

Le charron travaille le bois, le forgeron travaille le fer, le meunier travaille le blé, le boulanger travaille la farine, le tisserand travaille le chanvre, le coton et la laine, le cultivateur travaille la terre, le cordonnier travaille le cuir, le chaudronnier travaille la tôle, le vannier travaille l'osier.

RAPPROCHEMENTS.

Le suif et la cire, une route et une rivière, une voiture et un vaisseau, Dieu et nos parents, la nature est un livre, le chat et le tigre, le chien et le loup, l'âne et le zèbre, le frelon et l'abeille, l'homme et l'orang-outang, un nid et une maison, un ami et un frère, la trompe et la main, la jeunesse et une fleur, l'oisiveté et la rouille, un conquérant et un torrent, le sommeil et la mort, les vices et l'ivraie, la mémoire et un champ, l'hiver et la vieillesse, le printemps et la jeunesse, le jardinier et l'instituteur, l'anguille et la couleuvre, le cuivre et l'or, le fer et l'acier, le lierre et l'enfant, les ongles de l'homme et les griffes des animaux carnassiers.

MOTS QUE L'ON ALTÈRE COMMUNÉMENT DANS LE LANGAGE FAMILIER.

Vasistas, fléau, évier, brouillamini, menuisier, varlope, clarinette, bagarre, mairie, comparution, apparition, disparition, herse, herser, arrhes, gésier, lentille, corridor, potiron, bluet, nèfle, acacia, saupoudrer, aubépine, poireau, crocodile, ergot, corpulence, rebuffade, inflammation, empereur, gangrène, dartre, pulmonique, cataplasme, parapet, vésicatoire, freluquet, chirurgien, prétexte, tact, rancunier, fainéant, rebarbatif, hurluberlu, Europe, Eugène, Claude, pantomime, cassonade, frangipane, érysipèle, caleçon, tablier, ouate, matériaux, couvercle, cuiller, sébile, revanche, catéchisme, cueillir, dégrafer, se boutonner, se déboutonner, désensorceler, édredon.

LOCUTIONS QUE L'ON ALTÈRE COMMUNÉMENT DANS LE LANGAGE FAMILIER.

A bras le corps, coûte que coûte, vaille que vaille, à rebours, au rebours, perdre la tramontane, noir comme du jais, courir la pretentaine, fil d'archal, à midi précis, vers le midi, taie d'oreiller, voix de stentor, faire la vole, fièvre maligne, tourner comme un toton, un jet d'eau, bayer aux corneilles, un visage refrogné, il bruine, je vous ferai observer que, je me rappelle cela, je me le rappelle, il a recouvré la santé, quant à moi, ce livre-ci, aller de mal en pis, tant pis, un seau d'eau, entre quatre-yeux, à la bonne franquette, à cor et à cri, en définitive, sa vie durant, fièvre cérébrale, poire de crassane, denierà Dieu, chat angora, je m'en suis allé, une dinde, de bons légumes, de la réglisse, de la sandaraque.

ANIMAUX DOMESTIQUES.

On a remarqué qu'il n'y a d'animaux domestiques que ceux qui sont sociables de leur nature, qui vivent en troupes à l'état sauvage. Ainsi le chien, le cheval, le bœuf sont des êtres qui ont abandonné la société de leurs semblables pour vivre avec l'homme. Nous devons donc nous garder de maltraiter des animaux qui sont nos associés plutôt que nos esclaves. Chez les deux nations les plus civilisées de l'Europe, en France et en Angleterre, la loi punit sévèrement ceux qui font subir des mauvais traitements aux animaux.

LE CHIEN.

Le chien est un animal que l'homme s'est attaché pour soumettre les autres animaux plus forts ou plus agiles que lui. Il en a fait son ami, son défenseur, son compagnon fidèle. Très-redoutable à l'état sauvage, le chien devient, dans la société de l'homme, patient, soumis, dévoué. Son naturel féroce cède aux sentiments les plus doux, au plaisir de s'attacher et au désir de plaire. Son aboiement est un cri de joie qu'il doit à son état de domesticité : à l'état sauvage le chien n'aboie pas.

LE CHEVAL.

Le cheval est la plus noble conquête que l'homme ait jamais faite. Aussi intrépide que son maître, il voit le péril et l'affronte. Il se fait au bruit des armes, il l'aime, il le cherche. Sa docilité égale son courage. De tous les animaux, le cheval est le mieux fait et le mieux proportionné. Ce n'est qu'en Amérique qu'on le trouve actuellement à l'état sauvage.

L'ANE.

L'âne serait pour nous le plus beau et le plus utile des animaux domestiques s'il n'y avait point de cheval. Il est, de son naturel, aussi humble, aussi patient, aussi tranquille que le cheval est fier, ardent, impétueux ; dans ses premières années il est vif, joli ; mais l'âge et les mauvais traitements lui font perdre sa gentillesse ; et il devient lourd, indocile et têtu.

LE BOEUF.

Le bœuf est l'animal travailleur par excellence. C'est sur lui que roulent tous les travaux de la campagne ; il est le domestique le plus utile de la ferme, et fait la principale richesse de l'agriculture. Toute sa force réside dans sa tête et dans les muscles vigoureux de ses épaules. On ne l'emploie point à porter des fardeaux, mais il est excellent pour le tirage.

LE CHAT.

Les chats sont des domestiques infidèles, qu'on ne garde que pour détruire les rats et les souris. Ils n'ont que l'apparence de l'attachement ; leur caractère est faux, leur naturel pervers. Ils recherchent des caresses auxquelles ils ne sont sensibles que pour le plaisir qu'elles leur font. Les jeunes chats sont gais, vifs, jolis, et seraient aussi très-propres à amuser les enfants, si les coups de patte n'étaient pas à craindre ; car leur badinage, quoique agréable et léger, n'est jamais innocent.

LE LOUP.

Le loup est un des animaux les plus redoutables de nos contrées, et dont l'appétit pour la chair est le plus véhément. Mais il manque de courage, et n'affronte le danger que quand la faim le presse ; alors il s'expose à tout, attaque les femmes, les enfants, et se jette même quelquefois sur les hommes. Enfin, cet animal est si complètement nuisible que l'on a mis partout sa tête à prix, et qu'en Angleterre on est parvenu à le détruire entièrement.

LE CHAMEAU.

Le chameau est originaire de l'Arabie. Ses pieds plats, unis et peu fendus semblent faits pour marcher dans les sables. Cet animal rend autant de services que le cheval, l'âne et le bœuf réunis. Il porte des charges énormes, fait jusqu'à cinquante lieues par jour, et peut passer une semaine entière sans boire ni manger. Les Arabes le regardent comme un présent du ciel, un animal sacré sans le secours duquel ils ne pourraient ni subsister ni voyager. Ils boivent son lait, mangent sa chair, et s'habillent de son poil.

LE LION.

Le lion a la figure imposante, le regard assuré, la

démarche fière. Une longue et épaisse crinière ombrage sa tête et son cou. Sa colère est terrible : alors ses yeux étincellent, il agite sa crinière, fait mouvoir la peau de sa face, remue ses gros sourcils, et montre des dents menaçantes. Presque tous les animaux frémissent et s'enfuient à l'approche et à la seule odeur du lion. Pris jeune, il peut s'apprivoiser et même s'attacher à ceux qui le soignent ; il garde le souvenir des mauvais traitements , comme il conserve aussi la mémoire et la reconnaissance des bienfaits.

L'ÉLÉPHANT.

L'éléphant est le plus grand des quadrupèdes , et il les surpasse tous par la force et par l'intelligence. Comme il se nourrit de végétaux, il n'est ni sanguinaire ni féroce. Il ne méconnaît pas ses amis dans la colère, n'attaque jamais que ceux qui l'ont offensé, et se souvient des bienfaits aussi longtemps que des injures. La nature lui a donné une trompe au moyen de laquelle il goûte les odeurs et saisit les plus petits objets avec une facilité admirable.

SAGACITÉ D'UN ÉLÉPHANT.

Un Européen qui avait résidé à Ceylan, visitait les jardins zoologiques de Londres. On lui montra un éléphant qui avait passé à Ceylan une partie de son enfance. Il alla près de l'animal, et, par forme de plaisanterie, lui adressa quelques mots de salutation en langue cingalaise ; aussitôt l'éléphant donna les marques les moins équivoques de surprise et de plaisir. Il approcha du visiteur autant qu'il lui fut possible, tendit vers lui doucement sa trompe et le caressa avec amitié. On eût dit deux compatriotes se rencontrant sur une terre étrangère.

LE SINGE.

Le singe a une certaine ressemblance extérieure avec l'homme. Il a des bras et des mains, dont il se sert comme nous ; il saisit adroitement la nourriture qu'on lui jette, il épluche des noix ; mais son imitation est, comme sa figure, une contrefaçon, et loin de se rapprocher de l'homme, il n'est pas même le premier dans l'ordre des animaux, puisque le chien et l'éléphant sont plus intelligents que lui.

C'est un animal indocile, et qui reçoit difficilement les habitudes qu'on cherche à lui transmettre : il est insensible aux caresses, et n'obéit qu'aux châtiments ; on peut le tenir en captivité, mais non pas en domesticité ; toujours triste ou revêche, toujours répugnant, grimaçant, on le dompte plutôt qu'on ne le prive.

De tous les êtres vivants, l'homme est le seul qui sache tirer le feu de la matière et l'entretenir. Les singes n'ont jamais poussé l'esprit d'imitation jusqu'à allumer du feu. Les voyageurs rapportent que l'on a vu ces animaux venir se réchauffer à des brasiers abandonnés, et les laisser s'éteindre entièrement, malgré le froid excessif, faute d'avoir l'instinct de jeter dans le foyer, comme des hommes l'avaient fait en leur présence, les branches de bois sec qui étaient à leur portée.

LA RENONCULE ET L'OEILLET.

La renoncule un jour dans un bouquet
  Avec l'œillet se trouva réunie :
Elle eut le lendemain le parfum de l'œillet.
On ne peut que gagner en bonne compagnie.

MAXIMES CHOISIES.

Pardonnez-vous vos offenses. — Faites du bien à qui vous fait du mal. — Aimez-vous les uns les autres. — L'habit rapiécé fait honneur à la mère ou à la femme de celui qui le porte. — Si vous ne pouvez rendre un bon office, soyez-en du moins reconnaissant. — Une promesse est une dette. — La misère marche derrière la paresse.

LES TROIS MÉDECINS.

Dumoulin, mourant, disait : Je laisse après moi trois grands médecins. Et comme ses collègues, qui l'entouraient, le pressaient de s'expliquer, croyant chacun être du nombre, Dumoulin ajouta : L'eau, l'exercice et la diète.

LE DENIER DE LA VEUVE.

Jésus, s'étant assis dans le Temple vis-à-vis du tronc, vit quelques riches y mettre beaucoup d'argent, et une pauvre veuve y déposer seulement deux petites pièces. « Cette pauvre femme, dit-il à ses disciples, a plus donné que tous les autres, car ils ont donné de leur abondance, et celle-ci de son nécessaire. »

L'ABEILLE.

As-tu un plus grand bienfaiteur que moi parmi les animaux? demandait l'abeille à l'homme.—Certainement, répondit celui-ci.—Et qui?—La brebis; car sa laine m'est nécessaire, tandis que ton miel ne m'est qu'agréable.

HATONS-NOUS LENTEMENT.

Dans tout ce que tu fais hâte-toi lentement; c'est le meilleur moyen pour réussir. Quand on demande à un paysan de la vallée de Campan combien de temps il faut pour arriver au pic du Midi : Quatre heures, répond-il, si vous allez doucement; six, si vous allez vite.

AIDONS-NOUS.

Aidons-nous mutuellement;
La charge des malheurs en sera plus légère.
Le bien que l'on fait à son frère
Pour le mal que l'on souffre est un soulagement.

CONSEILS DE TOBIE A SON FILS.

« Pense à Dieu chaque jour et garde fidèlement ses préceptes. Fais l'aumône selon ton pouvoir; si tu as beaucoup, donne beaucoup; si tu as peu, donne peu, mais de bon cœur. Ne détourne point ton visage du pauvre, pour que le Seigneur ne détourne point son visage de toi. L'aumône est un grand trésor devant Dieu, et empêche l'âme de tomber dans les ténèbres éternelles. »

« Bannis l'orgueil de tes pensées et de tes paroles; car c'est par l'orgueil que tous les maux ont commencé. Que le salaire de l'ouvrier ne demeure jamais entre tes mains. Ne fais pas à autrui ce que tu ne voudrais pas qu'on te fît. Mange ton pain avec les pauvres, et couvre de tes vêtements ceux qui sont nus. Demande toujours conseil aux sages, et prie Dieu de te diriger dans toutes tes voies. »

LE LOUP ET LE CHIEN.

Un loup (je ne sais trop comment) eut un chien pour ami; ils firent route ensemble et devisèrent assez franchement, car les loups mêmes ont leurs moments de bonhomie. Mais, à chaque instant, la conversation s'arrêtait. Au moindre bruit, quand une feuille tombait, quand l'ombre d'un oiseau venait à passer, mon loup dressait l'oreille, tout effrayé, et se préparait au combat ou bien à la fuite. « Quelle mortelle inquiétude t'agite, lui dit le chien? je ne te vois pas un instant en repos. Marchons tranquillement et libres de soucis.—Je ne le puis, lui répondit l'animal féroce, j'ai pour ennemi tout le monde. — Ah ! je comprends, tu ne sais faire que le mal. »

LE GEAI.

Un paon perdait ses plumes, un geai accourt et

s'en habille du mieux qu'il peut, puis il va faire la roue au milieu des autres paons ; mais ceux-ci reconnaissent l'intrus, tombent sur lui à coups de bec, lui arrachent ses plumes d'emprunt et aussi les siennes. Il va se réfugier au milieu de ses pareils, qui achèvent la leçon en le chassant de leur société. Il apprit alors, à ses dépens, qu'*il ne faut jamais mépriser la condition dans laquelle on est né.*

MAXIMES CHOISIES.

Faites l'aumône : c'est Dieu qui envoie les pauvres. — Voulez-vous plaire et être aimés, soyez bons. — Le meilleur de tous les hommes est celui qui est le plus utile à ses semblables. — Un bon conseil vaut de l'or. — Un métier vaut un fonds de terre. — N'ayez pas d'inquiétudes exagérées, Dieu ne nourrit-il pas les petits oiseaux ? Ils n'ont pourtant ni greniers, ni armoires fermant à clé.

DEVOIRS ENVERS DIEU.

C'est Dieu qui fit le monde et la terre et les cieux ;
C'est lui qui nous a faits, nous sommes sous ses yeux ;
C'est lui qui, chaque jour, soutient notre existence.
Comment payer ses dons ? Par la reconnaissance.

LES JEUX.

La plupart des jeux qui sont aujourd'hui en usage dans nos colléges, étaient connus des Anciens. Le colin-maillard, la main-chaude, les barres, la balle au camp, pair ou non, tête ou pile, tous ces jeux amusaient les enfants de Rome et d'Athènes.

Alexandre avait un maître qui lui apprenait à lancer la balle avec adresse, et l'un des divertissements favoris d'Auguste était, au dire de Suétone, le jeu de pair ou non.

LE COURSIER ET LE TAUREAU.

Monté fièrement sur un ardent coursier, le jeune fils d'un fermier volait à travers les prairies. « Quelle
» ignominieuse servilité! s'écriait un indomptable
» taureau qui les regardait passer; ce n'est pas
» moi qu'on verrait se soumettre aux caprices d'un
» pareil morveux! — Et moi, je m'y soumets volon-
» tiers, répliqua le cheval complaisant; car, après
» tout, quel honneur pourrait-il me revenir si je
» renversais un enfant? »

TRAIT DE BONTÉ.

En 1776, pendant le froid rigoureux du mois de janvier, le duc de La Rochefoucault allant à Versailles, et voyant ses deux laquais transis de froid, les fit mettre dans son carrosse. On loua fort à la cour cet acte d'humanité. *J'ai été bien fâché*, répondit le duc, *de n'y pouvoir faire entrer aussi le cocher et les chevaux.*

PROVERBES UTILES.

On inscrit sur chaque pièce de monnaie les titres des princes; ne vaudrait-il pas mieux y graver quelque proverbe utile, par exemple: L'amour de Dieu conduit à la sagesse. — Un sou épargné est un sou gagné.—Celui qui veut s'enrichir par le travail doit mettre la main à l'œuvre.—Se lever et se coucher de bonne heure amène sagesse et santé, etc.

LE PARESSEUX.

« Je ne travaille jamais, disait un paresseux, parce que je suis toujours malade. » Son médecin lui répondit : « Tu serais infiniment plus près de la vérité si tu disais : *Je suis toujours malade, parce que je ne travaille jamais.* Car, sois-en bien certain, l'oisiveté, qui est la mère de tous les vices, engendre aussi beaucoup de maladies. »

LES HIRONDELLES.

Nous devons nous entr'aider : les animaux mêmes s'entr'aident. En voici deux exemples frappants.

Une hirondelle s'était pris la patte dans les nœuds coulants d'une ficelle, dont l'autre bout tenait à une gouttière du collége des Quatre-Nations. A ses cris, plusieurs centaines d'hirondelles accoururent. Après une longue hésitation et une espèce de conseil tumultueusement tenu, une d'elles parut ouvrir un avis, s'agita dans toutes les directions, comme pour faire comprendre aux autres le moyen de délivrer leur compagne infortunée ; puis on commença l'exécution. On fit place : toutes vinrent, chacune à son tour, comme à une course de bague, donner en passant un coup de bec à la ficelle. Les coups se succédaient de seconde en seconde. Une demi-heure de ce travail suffit pour mettre la captive en liberté.

Un moineau avait établi sa demeure dans le nid de deux hirondelles ; rien n'avait pu l'en faire déloger : coups de bec, menaces, mauvais traitements, tout avait été inutile. De nombreuses hirondelles vinrent aussi, mais en vain, au secours du couple dépossédé ; elles harcelèrent sans succès l'usurpateur. Tout à coup la manœuvre change ; les assauts sont suspendus, le siége est converti en blocus ; chaque hirondelle enfonce sa becquée de mortier, et le nid et le trou sont murés en peu d'instants comme une prison.

NÉCESSITÉ DU TRAVAIL.

Notre vie est si courte ! il la faut employer ;
Instruisons-nous, lisons dans l'âge le plus tendre ;
A tout âge, en tout temps, on a besoin d'apprendre,
Et c'est un jour perdu qu'un jour sans travailler.

LE LIÈVRE ET LE MOINEAU.

Un moineau qui entendait un lièvre crier de toute sa force sous la serre de l'aigle, le raillait en ces termes : Qu'as-tu donc fait de tes pieds, toi qui as les jambes si bonnes ? Au même instant, un épervier entend le railleur, fond sur lui et l'enlève. Eh bien, lui dit à son tour le pauvre lièvre à demi mort, qu'as-tu fait de tes ailes, toi qui te moquais tout à l'heure si à ton aise ? *Il y a de la cruauté à railler ceux qui sont dans le malheur*.

L'HOMME PLANTE, DIEU ARROSE.

Le cultivateur laboure ; il sème, il plante, et Dieu

donne l'accroissement. Les hommes font ce qui dépend d'eux ; et quant à ce qui est au-dessus de leurs facultés, le Seigneur y pourvoit. L'hiver, il couvre les semences comme d'un vêtement; l'été, il les réchauffe et les vivifie par les rayons du soleil et par la pluie.

LES NIDS DES OISEAUX.

Quelques espèces d'oiseaux construisent leurs nids avec une industrie qui semble dirigée par l'expérience et le raisonnement. La nature ne fournit que les matériaux ; l'oiseau fait choix de l'emplacement, et suivant le plan général approprié à son espèce, il élève le petit édifice où reposera sa jeune famille, dont il s'occupe même avant qu'elle soit créée.

LE FILS REPENTANT.

Il m'arriva un jour, raconte un sage persan, par un emportement de jeune homme, de répondre à ma mère avec une fierté insultante. Elle en fut si affligée qu'elle alla s'asseoir dans un coin, et que des larmes coulèrent de ses yeux. Je m'approchai d'elle, et cette mère sensible me dit : *Toi qui tranches aujourd'hui du grand avec moi, ne te souvient-il pas combien je t'ai vu petit ?*

L'UNION FAIT LA FORCE.

Lorsque le temps est venu d'aller chercher en d'autres climats la pâture que le Père céleste leur y a préparée, les hirondelles s'assemblent; puis, sans se séparer jamais, elles voguent vers les rivages où elles se reposeront dans la paix et dans l'abondance. Seule, que deviendrait chacune d'elles? pas une n'échapperait aux périls de la route, réunies, elles résistent aux vents. L'aile débile ou fatiguée s'appuie sur une aile moins frêle, et les plus jeunes, abritées par leurs aînées, atteignent sous leur garde le terme du voyage.

DE LA POLITESSE.

Le roi Louis XV encore enfant sortait de Versailles avec son gouverneur; à la porte du palais se trouvait un décrotteur qui se découvrit devant le jeune roi. Le gouverneur, quittant la main de son élève, rendit au pauvre diable son salut.

— Comment, monsieur, vous saluez un domestique? lui demanda le roi.

— Sire, j'aime mieux saluer un domestique que d'entendre dire qu'un domestique est plus poli que moi.

VIVEZ DE PEU.

Le bonheur ne se trouve que dans l'indépendance. La véritable base de l'indépendance repose dans ces trois mots, que j'ai toujours beaucoup admirés : *Vivre de peu*. Vivre de peu, voilà le meilleur préservatif contre l'esclavage ; et ce précepte se rapporte à la parure, à la nourriture, à la boisson, et à bien d'autres choses encore.

BESOIN D'AFFECTIONS.

Un tuteur avait donné à une jeune fille de six ans

une belle poupée; il vint quelque temps après pour juger de l'effet qu'avait produit ce cadeau; mais, quand il arriva, la poupée avait été jetée au feu. Ma petite, lui dit-il, pourquoi donc as-tu brûlé ta poupée? L'enfant répliqua les larmes aux yeux : « Je lui ai dit que je l'aimais, et elle ne m'a point répondu. »

LA GOUTTE D'EAU.

Une goutte d'eau tomba des nues dans les abîmes de la mer; mais en voyant les flots s'agiter dans leurs gouffres béants, elle se dit, saisie de honte et de tristesse : Hélas! que suis-je en face de cette immensité? Hier, je brillais dans les nuages, aujourd'hui, la feuille légère qui flotte sur ces flots est beaucoup plus que moi.

Mais le roi des cieux, touché de sa douce plainte, la revêtit d'une robe de noblesse, et la déposa dans une coquille où elle fut changée en perle précieuse; elle finit par briller sur la couronne d'un roi.

Cette fable, amis, est la fleur des préceptes : Dieu élève les humbles.

L'ARAIGNÉE ET LE VER-A-SOIE.

Quoi! toujours à recommencer! s'écriait dans son désespoir une araignée dont on venait d'enlever la toile; toujours un maudit balai viendra détruire mon travail. Les hommes sont bien capricieux; ils me persécutent, ils brisent ma trame inimitable, et le ver-à-soie, cet insecte dégoûtant, est l'objet de tous leurs soins; ils recueillent précieusement son fil, mille fois plus gros que le mien ! Le ver-à-soie, qui l'avait entendue, lui répondit : De grâce, modérez votre courroux ; chacun reconnaît que vous êtes très-habile, nul ne conteste la délicatesse de votre tissu ; mais, je vous prie, quel usage en peut-on faire ?

L'utilité est la véritable pierre de touche du mérite.

MÊME SUJET.

L'araignée en ces mots raillait le ver-à-soie :
« Bon Dieu, que de lenteur dans tout ce que tu fais !
Vois combien peu de temps j'emploie
A tapisser un mur d'innombrables filets.
— Soit, répondit le ver ; mais ta toile est fragile ;
Et puis à quoi sert-elle ? à rien.
Pour moi, mon travail est utile ;
Si je fais peu, je fais bien.

DE LA DIVINITÉ.

La croyance en Dieu naît du simple spectacle de la nature. On demandait un jour à un pauvre Arabe du désert, ignorant comme le sont la plupart des Arabes, comment il s'était assuré qu'il y avait un Dieu. « De la même façon, répondit-il, que je connais, par les traces marquées sur le sable, s'il y a passé un homme ou une bête. »

MODESTIE DE ROLLIN.

Rollin était fils d'un coutelier, et son père le destinait à la même profession. Élevé aux premières places de l'Université, il s'estima toujours assez pour ne pas rougir de sa naissance : c'était même en cette seule occasion qu'il se permettait un peu d'orgueil. Étant un jour à dîner dans une grande maison, on pria un des convives de découper une pièce de gibier. Le recteur de l'Université, voyant que le couteau servait mal le découpeur, lui dit : « Prenez le mien ; je m'y connais, il vaut mieux : je suis fils de maître. »

DE L'AMOUR FILIAL.

Écoutez, enfants, les avis de votre père, et suivez-les toujours précieusement. Celui qui honore ses parents, trouvera lui-même sa joie dans ses enfants. Honorez votre père de tout votre cœur, et n'oubliez point les douleurs de votre mère. Souvenez-vous que sans eux vous ne seriez point au monde, et faites tout pour eux comme ils ont tout fait pour vous. Soulagez-les dans leur vieillesse ; ne contribuez jamais à les attrister. Que votre vue les ranime et les réjouisse. Que votre présence rappelle le sourire sur leurs lèvres et fasse naître le contentement dans leur cœur. Les bénédictions que reçoit d'un père et d'une mère un fils reconnaissant sont toujours sanctionnées de Dieu.   Silvio Pellico.

LE BON SAMARITAIN.

Un docteur de la loi, qui voulait passer pour juste, dit à Jésus : « Qui est mon prochain ? » Jésus répondit : « Un homme descendait de Jérusalem à Jéricho ; il tomba entre les mains des voleurs, qui le dépouillèrent, et s'en allèrent le laissant à demi mort. Un prêtre qui suivait le même chemin, vit cet homme et passa outre. Un lévite, qui survint, le vit et passa de même. »

————

« Mais un Samaritain qui suivait la même route, fut ému de compassion ; et, s'approchant, il versa de l'huile et du vin sur ses plaies, et les banda ; puis, le mettant sur son cheval, il le conduisit dans une hôtellerie et en prit soin. Le lendemain il tira deux deniers de sa bourse, et les donnant à l'hôte, il lui dit : Ayez soin de cet homme, et tout ce que vous dépenserez de plus, je vous le rendrai à mon retour. Lequel des trois vous semble le prochain de celui qui tomba entre les mains des voleurs ?— C'est, répondit le docteur, celui qui a usé de miséricorde envers lui. Jésus lui dit : Allez donc, et faites de même. »

L'ANGE GARDIEN.

Veillez sur moi quand je m'éveille,
Bon ange, puisque Dieu l'a dit ;
Et chaque nuit, quand je sommeille,
Penchez-vous sur mon petit lit.
Ayez pitié de ma faiblesse,
A mes côtés marchez sans cesse.
Parlez-moi le long du chemin ;
Et pendant que je vous écoute,
De peur que je ne tombe en route,
Bon ange, donnez-moi la main.

L'ÉDUCATION.

On doit attacher une grande importance à l'éducation de la jeunesse ; le bonheur à venir d'un enfant dépend de la bonne éducation qu'il a reçue. Quand Philippe, roi de Macédoine, voulut confier à Aristote l'éducation de son fils, il écrivit au philosophe : «Je vous donne avis qu'il m'est né un fils. Je remercie moins les dieux de me l'avoir donné que de l'avoir fait naître du temps d'Aristote. » Plus tard, Alexandre montra toujours la plus vive reconnaissance à l'égard de son précepteur ; il l'aimait à l'égal de son père ; « car, disait-il souvent, si je suis redevable à l'un de vivre, je le suis à l'autre de bien vivre. »

LA PETITE SOURIS.

Une petite souris, sortant de son trou, vit une brique suspendue. « Hé! hé! dit-elle, voilà une attrape! Qu'ils sont malins les hommes! Ils placent sous une grosse brique trois petites réglettes à l'une desquelles ils attachent un peu de lard fumé, et ils nomment cette belle invention *une souricière*. Mais nous autres, petites souris, nous sommes plus fines : nous savons fort bien que, si on se laisse aller à manger de ce lard, *pouff!* la pierre tombe et écrase la gourmande. Non, non, votre malice m'est connue, et je me passerai bien de toucher au lard... Mais y flairer ne peut pas me nuire. Cela ne fera pas tomber la pierre. »

Elle approcha, puis de plus près flaira le lard, le heurta du nez, si bien que soudain la souricière se ferma et l'imprudente souris fut écrasée.

VIE PRIVÉE DE FÉNELON.

Son humeur était égale, sa politesse affectueuse et simple, sa conversation féconde et animée ; une gaîté douce tempérait en lui la dignité de son ministère, et le zèle de la religion n'eut jamais chez lui ni sécheresse ni amertume. Sa table était ouverte, pendant la guerre, à tous les officiers ennemis ou nationaux, que sa réputation attirait en foule à Cambrai. Il trouvait encore des moments à leur donner, au milieu des devoirs et des fatigues de l'épiscopat.

Son sommeil était court, ses repas d'une extrême frugalité, ses mœurs d'une pureté irréprochable. Il ne connaissait ni le jeu, ni l'ennui. Son seul délassement était la promenade ; encore trouvait-il le secret de la faire rentrer dans ses exercices de bienfaisance. Quand il rencontrait des paysans, il se plaisait à les entretenir. On le voyait assis sur l'herbe au milieu d'eux, comme autrefois saint Louis sous le chêne de Vincennes.

L'ENFANT ET LE CHAT.

Tout en se promenant un bambin déjeûnait.
    De la galette qu'il tenait,
Attiré par l'odeur, un chat vient, le caresse,
Fait le gros dos, tourne, et vers lui se dresse :
« Oh ! le joli minet !... » Et le marmot charmé,
Partage avec celui dont il se croit aimé.
Mais le flatteur à peine obtient ce qu'il désire,
    Qu'au loin il se retire.

« Oh! oh! ce n'est pas moi, dit l'enfant consterné,
  Que tu suivais ; c'était mon déjeûné. »

DU TRAVAIL.

Beaucoup d'enfants croient qu'ils seraient heu-
-reux s'ils étaient dispensés de ce qu'ils appellent la
peine de travailler : ils se trompent. Loin d'être un
mal, le travail est le plus grand bonheur providen-
tiel. Il nous délivre de l'ennui et nous procure le
contentement du cœur. Ainsi nous devons travailler,
non-seulement parce que Dieu nous a fait un devoir du travail, mais aussi parce que nous ne pou-
vons être bons et heureux que par le travail.

Il y avait dans la législation d'Athènes une loi qui
punissait la paresse, et lorsque Amasis, roi d'Égypte,
voulut réformer sa nation, il fit une loi qui ordon-
nait à tous les citoyens de venir devant les magistrats
rendre compte de l'emploi de leur temps. Chez tous
les peuples le travail est en honneur. En Chine,
l'empereur trace tous les ans un sillon pour honorer
le plus noble et le plus utile de tous les travaux, le
travail du laboureur.

La paresse rend tout difficile et le travail rend
tout aisé. Si nous sommes laborieux, nous ne mour-
rons jamais de faim. La faim regarde la porte de
l'homme qui travaille, mais elle n'ose point en fran-
chir le seuil. Vous n'avez besoin ni de trouver un
trésor, ni d'hériter d'un riche parent ; le travail est

le père du bonheur, et Dieu donne tout à ceux qui
s'occupent.

PRIÈRE.

Notre père des cieux, père de tout le monde,
De vos petits enfants c'est vous qui prenez soin ;
Mais à tant de bontés vous voulez qu'on réponde,
Et qu'on demande aussi, dans une foi profonde,
    Les choses dont on a besoin.

———

Vous m'avez tout donné, la vie et la lumière,
Le blé qui fait le pain, les fleurs qu'on aime à voir,
Et mon père et ma mère, et ma famille entière ;
Moi, je n'ai rien pour vous, mon Dieu, que la prière
    Que je vous dis matin et soir.

———

Notre père des cieux, bénissez ma jeunesse :
Pour mes parents, pour moi, je vous prie à genoux :
Afin qu'ils soient heureux, donnez-moi la sagesse ;
Et puissent leurs enfants les contenter sans cesse
    Pour être aimés d'eux et de vous !

LES INSECTES.

Tous les animaux apportent en naissant des in-
dustries naturelles que l'on ne saurait trop admirer.
Voyez avec quel art infini le castor bâtit sa demeure,
avec quelle adresse l'hirondelle maçonne son nid ;
quelles ruses les quadrupèdes des forêts déploient
pour se procurer leur subsistance ou se défendre
contre leurs ennemis. Mais lorsqu'on étudie la nature
avec quelque attention, on remarque que c'est à l'é-
gard des insectes, c'est-à-dire des animaux les plus

chétifs et les plus faibles, qu'elle s'est montrée le plus admirable.

Nous allons citer les exemples si remarquables de l'araignée et du fourmi-lion, ainsi nommé parce qu'il est l'ennemi le plus redoutable, le *lion* des fourmis.

L'habileté des araignées à fabriquer des fils et à en former une trame est un fait unique dans l'histoire des animaux. Vous avez vu mille fois dans les jardins ces toiles rondes si régulièrement tendues et qui forment les piéges où se prennent et s'embarrassent les insectes dont elles se nourrissent.

Blottie au centre de son habitation, l'araignée attend sa proie avec patience ; aussitôt qu'elle est avertie par l'ébranlement de sa toile, qu'une mouche étourdie s'y est laissé prendre, elle s'élance comme un trait, saisit le petit insecte avec ses tenailles, le perce de son dard imprégné de venin, lui suce le sang ou l'emporte au fond de sa retraite pour s'en repaître plus paisiblement.

Si elle a pris une mouche trop grosse ou une autre araignée (car elles se dévorent entre elles, lorsqu'elles parviennent à se surprendre), de peur que sa victime ne se défende ou ne s'échappe, elle l'enveloppe lestement d'une grande quantité de fils, la garrotte au point qu'elle ne puisse remuer ni ailes ni pattes, puis l'emporte toute vivante dans son nid, et lui en-

fonce ses crocs pointus dans le corps pour lui sucer
le sang.

Quelquefois la mouche est si grosse et si forte que
l'araignée désespère de la vaincre ; alors elle prend
son parti, déchire l'endroit de la toile où la mouche
est retenue, la détache, la jette dehors, et, au même
instant, elle raccommode les mailles déchirées pour
se mettre de nouveau à l'affût. Dans toutes ces cir-
constances, elle ne laisse au dehors aucune trace de
cruauté capable de rendre sa demeure suspecte.

Une autre espèce d'araignée appelée mygale se
creuse dans la terre un trou en forme de puits, profond d'un décimètre ; elle le tapisse à l'intérieur avec
un fil soyeux, et en ferme l'ouverture par une porte
à charnière, au bord de laquelle elle sait faire une
rangée de petits trous pour la retenir avec ses griffes
si quelque ennemi voulait l'ouvrir de force.

Elle se tient à l'ouverture de sa demeure guettant
sa proie, et quand une mouche vient à se poser à
deux ou trois pieds de distance, elle fond dessus avec
une incroyable rapidité.

D'autres courent les champs, portant sur leur dos
un petit sac dans lequel elles ont mis leurs œufs, et
se laissent quelquefois tuer plutôt que de l'aban-
donner.

Le fourmi-lion offre un exemple plus remarquable

encore de tout ce que Dieu a su renfermer de merveilleux dans ces petits corps en apparence si fragiles. C'est un animal carnassier qui a environ deux centimètres de longueur ; son corps est grisâtre, et de la couleur du sable, où il vit ; sa tête, très-petite, est ornée de deux longues mandibules en forme de cornes, pointues au bout, et servant à la fois de pince et de suçoir ; vers la base de ses cornes, on voit deux petits yeux noirs, très-vifs, qui lui font apercevoir les plus petits objets.

———

Il se nourrit de fourmis, de mouches, de sauterelles et d'autres insectes qui courent assez vite, et, comme il marche si lentement et si péniblement qu'il ne pourrait jamais en attraper un seul, il creuse dans le sable fin, au pied d'un arbre ou d'un vieux mur dégradé, un trou en forme d'entonnoir très-évasé.

———

Pour cela, il marche à reculons en s'enfonçant sous le sable, et quand son dos, qui est plat, en est chargé comme une bêche, il donne une secousse, lance cette petite quantité de terre assez loin, et recommence ainsi patiemment jusqu'à ce que la fosse ait la profondeur de votre petit doigt ; il vient à bout, quelquefois dans l'espace d'une demi-heure, de creuser son repaire.

———

Alors l'insecte rusé se blottit sous le sable en ne laissant paraître que le bout de ses pinces, et attend. Il se tient nuit et jour en vedette, et, alors, malheur à la fourmi, au cloporte, au puceron, et à tout insecte qui vient rôder sur les bords de ce précipice. Dès que le fourmi-lion est averti par la chute de quelques grains de sable dans la trémie qu'il y a du gibier à prendre, il se laisse glisser au fond du trou.

Si la victime lutte contre la pente qui l'entraîne et cherche à s'échapper, notre brigand lui lance une pluie de sable pour l'étourdir et l'ensevelir sous les décombres. Ensuite il plonge ses deux serres dans le corps du malheureux animal, l'attire sous le sable pour l'empêcher de se débattre et le sucer à son aise.

Pour ne pas inspirer de terreur aux insectes qui seraient tentés d'approcher de sa demeure, il étend sur ses cornes le cadavre qu'il vient de sucer, et d'un mouvement brusque le jette adroitement à plus d'un demi-pied de son embuscade. Il raccommode ensuite sa fosse et se remet à l'affût pour une seconde capture.

AUX ENFANTS.

Appliquez-vous au travail, mes petits amis, pendant que vous êtes à l'école, afin que vous puissiez plus tard lire avec fruit dans le livre où l'on trouve toutes ces choses, qui vous plaisent et qui vous étonnent. Ce livre reste toujours fermé à l'ignorant, au paresseux; il n'y a que l'homme éclairé qui puisse le comprendre; et pour être un jour un homme éclairé, il faut être dès maintenant un en-

fant laborieux. Ce livre, dans lequel on découvre à
chaque pas des merveilles qui parlent de la sagesse
et de la puissance infinie de Dieu, c'est la nature.

Larousse.

L'ÉCOLIER.

Un tout petit enfant s'en allait à l'école.
On avait dit : Allez!... Il tâchait d'obéir ;
Mais son livre était lourd, il ne pouvait courir.
Il pleure, et suit de loin une abeille qui vole.

« Abeille, lui dit-il, voulez-vous me parler?
» Moi, je vais à l'école : il faut apprendre à lire ;
» Mais le maître est tout noir, et je n'ose pas rire!
» Voulez-vous rire, abeille, et m'apprendre à voler?

» — Non, dit-elle, j'arrive, et je suis très-pressée.
» J'avais froid : l'aquilon m'a longtemps oppressée ;
» Enfin, j'ai vu les fleurs, je redescends du ciel,
» Et je vais commencer mon doux rayon de miel.
» Voyez! j'en ai déjà puisé dans quatre roses ;
» Avant une heure encor nous en aurons d'écloses.
» Vite, vite à la ruche! on ne vit pas toujours :
» C'est pour faire le miel qu'on nous rend les beaux jours.»

Elle fuit, et se perd sur la route embaumée.
Le frais lilas sortait d'un vieux mur entr'ouvert ;
Il saluait l'aurore, et l'aurore charmée
Se montrait sans nuage et riait de l'hiver.

Une hirondelle passe : elle effleure la joue
Du petit nonchalant qui s'attriste et qui joue ;
Et dans l'air suspendue, en redoublant sa voix,
Fait tressaillir l'écho qui dort au fond des bois.

« Oh! bonjour, dit l'enfant, qui se souvenait d'elle;
» Je t'ai vue à l'automne; oh! bonjour, hirondelle;
» Viens, tu portais bonheur à ma maison, et moi
» Je voudrais du bonheur. Veux-tu m'en donner, toi?
» Jouons. — Je le voudrais, répond la voyageuse,
» Car je respire à peine, et je me sens joyeuse:
» Mais j'ai beaucoup d'amis qui doutent du printemps:
» Ils rêveraient ma mort, si je tardais longtemps.
» Non, je ne puis jouer. Pour finir leur souffrance,
» J'emporte un brin de mousse en signe d'espérance;
» Nous allons relever nos palais dégarnis :
» L'herbe croît, c'est l'instant des amours et des nids.
» J'ai tout vu. Maintenant, fidèle messagère,
» Je vais chercher mes sœurs, là-bas, sur le chemin.
» Ainsi que nous, enfant, la vie est passagère;
» Il faut en profiter. Je me sauve... A demain ! »

L'enfant resté muet; et la tête baissée,
Rêve et compte ses pas pour tromper son ennui,
Quand le livre importun, dont sa main est lassée,
Rompt ses fragiles nœuds, et tombe auprès de lui.

Un dogue l'observait du fond de sa demeure.
Stentor, gardien sévère et prudent à la fois,
De peur de l'effrayer retient sa grosse voix.
Hélas! peut-on crier contre un enfant qui pleure!

« Bon dogue, voulez-vous que je m'approche un peu?
» Dit l'écolier plaintif; je n'aime pas mon livre :
» Voyez! ma main est rouge; il en est cause. Au jeu,
» Rien ne fatigue; on rit, et moi je voudrais vivre
» Sans aller à l'école, où l'on tremble toujours.
» Je m'en plains tous les soirs, et j'y vais tous les jours:
» J'en suis très-mécontent. Je n'aime aucune affaire :

» Le sort des chiens me plaît, car ils n'ont rien à faire.
» — Écolier! voyez-vous ce laboureur aux champs?
» Eh bien, ce laboureur, dit Stentor, c'est mon maître.
» Il est très-vigilant; je le suis plus peut-être.
» Il dort la nuit, et moi j'écarte les méchants.
» J'éveille aussi ce bœuf qui d'un pied lent, mais ferme,
» Va creuser les sillons quand je garde la ferme.
» Pour vous-même on travaille, et, grâce à vos brebis,
» Votre mère en chantant vous file des habits.
» Par le travail, tout plait, tout s'unit, tout s'arrange;
» Allez donc à l'école, allez, mon petit ange!
» Les chiens ne lisent pas, mais la chaîne est pour eux:
» L'ignorance toujours mène à la servitude.
» L'homme est fin, l'homme est sage, il nous défend l'étude.
» Enfant, vous serez homme, et vous serez heureux;
» Les chiens vous serviront. » L'enfant l'écouta dire,
Et même il le baisa. Son livre était moins lourd.
En quittant le bon dogue, il pense, il marche, il court.
L'espoir d'être homme un jour lui ramène un sourire;
A l'école un peu tard il arrive gaîment,
Et dans le mois des fruits il lisait couramment.

DEUXIÈME PARTIE.

PREMIÈRES NOTIONS DE LANGUE FRANÇAISE.

Nommez les vingt-cinq lettres de l'alphabet.

Nommez les six voyelles.

Nommez les dix-neuf consonnes.

Quelle est la quatrième voyelle?

Quelle est la dixième consonne?

Quel est le rang de la lettre D dans l'alphabet?

Quel rang occupe la lettre D parmi les consonnes?

Combien y a-t-il de voyelles dans les mots : *eau, volume, Nabuchodonosor*?

Combien de consonnes dans les mêmes mots?

DU NOM.

LE MAITRE. Nommez des objets, des *choses* qui se trouvent dans la classe.

PAUL. Dans la classe, il y a des bancs, des tables, des livres, des cahiers, des plumes, des crayons, des ardoises, des dessins, des modèles, etc.

LE MAITRE. Indiquez des noms d'*animaux*.

JULIEN. Le chien, le chat, l'éléphant, le tigre, le héron, le bouvreuil, l'abeille, le hareng, la baleine, le limaçon, la couleuvre, etc.

LE MAITRE. Indiquez des noms de *personnes*.

HENRI. Homme, femme, enfant, vieillard, écolier, marraine, soldat, etc.

LE MAITRE. Tous ces mots : *table, livre, plume,* etc., qui désignent des choses; *chien, éléphant, abeille,* etc., qui désignent des animaux; *homme, enfant, vieillard,* etc., qui désignent des personnes, sont des *noms* ou *substantifs.*

Ainsi, on appelle *nom* tout mot qui sert à désigner, à *nommer* une personne, un animal ou une chose.

EXERCICE (*oral*).

Nommez :

Des arbres, des fleurs, des fruits, des villes, des vêtements, des métaux, des jours, des mois, des peuples, des maladies, des prénoms d'homme, des prénoms de femme, des professions d'homme, des professions de femme, des quadrupèdes, des oiseaux, des poissons, des reptiles, des insectes.

DU GENRE.

LE MAITRE. Voici quelques noms de personnes, d'animaux et de choses : *caillou, ville, raisin, cerise, mouche, perdrix, hanneton, louve, moineau, rossignol, nièce, frère, sœur, parrain, soldat.*

Quels sont ceux devant lesquels on peut mettre le petit mot *le ?* Quels sont ceux devant lesquels on peut mettre *la ?*

PAUL. On dit : *le caillou, le raisin, le hanneton, le moineau, le rossignol, le frère, le parrain, le soldat;* mais on dit : *la ville, la cerise, la mouche, la perdrix, la louve, la nièce, la sœur.*

JULIEN. On dit aussi : *un caillou, un raisin, un hanneton,* etc.; *une ville, une mouche,* etc.

LE MAITRE. Les mots devant lesquels on peut mettre *le* ou *un* sont des noms du genre *masculin;* ceux devant lesquels on peut mettre *la* ou *une* sont des noms du genre *féminin.*

Quel est le genre des mots *tulipe, réséda, tourterelle, fils ?*

Henri. *Tulipe* est féminin parce qu'on dit : la *tulipe*, une *tulipe ; réséda* est du masculin parce qu'on dit : le *réséda*, un *réséda ; tourterelle* est féminin parce qu'on dit la *tourterelle ; fils* est masculin, parce qu'on dit le *fils*.

EXERCICE (*oral* ou *écrit*).

L'élève dira si les noms suivants sont du masculin ou du féminin.

C'est *Dieu* qui a créé tout ce qui existe ; le *soleil*, la *terre*, les *bois*, les *prairies*, les *montagnes*, les *arbres*, toutes les *plantes*, tous les *animaux* sont l'*ouvrage* de ses *mains*. Le *soleil* nous donne sa *lumière* et sa *chaleur ;* la *terre* produit toutes les *plantes* qui font notre *nourriture* et celle des *animaux*. Quant à nous, *Dieu* nous a donné notre *corps ;* Il a formé lui-même nos *membres*, nos *yeux*, notre *bouche*, nos *mains*, nos *pieds ;* mais avec cela il nous a encore donné une *âme* qui pense, au lieu que toutes les autres *créatures* que nous voyons ne peuvent pas penser. Cette *âme* est capable de connaître *Dieu*, de l'adorer, de l'aimer, et c'est pour cela que *Dieu* nous a faits. Ainsi la plupart des *choses* qui sont dans le *monde* ont été créées pour nous ; mais nous, mes *enfants*, nous sommes faits pour *Dieu*.

DU NOMBRE.

Le Maître. Quand je dis *la maison, l'enfant, la rose*, je parle d'une seule *maison*, d'un seul *enfant*, d'une seule *rose*. Ces mots *maison, enfant, rose* sont au *singulier*.

Si je dis *les maisons, les enfants, les roses*, je parle de plusieurs *maisons*, de plusieurs *enfants*, de plusieurs *roses*. Les mots *maisons, enfants, roses* sont au *pluriel*.

Ainsi tout nom qui désigne un seul objet est du *singulier;* tout nom qui désigne plusieurs objets est du *pluriel.* Henri va nous donner un exemple d'un nom singulier et un exemple d'un nom pluriel.

Henri. *Mon chapeau, mes gants. Chapeau* est du *singulier,* parce que je parle d'un seul *chapeau; gants* est au *pluriel,* parce que je parle de plusieurs *gants.*

EXERCICE (*oral* ou *écrit*).

L'élève indiquera si les noms suivants sont au singulier ou au pluriel.

Les *hirondelles* s'en vont en *automne,* parce qu'il n'y a qu'une *température* douce qui puisse leur convenir; si elles restaient dans nos *contrées,* les *rigueurs* de l'*hiver* les feraient mourir. Vers la *fin* de l'*été,* elles se réunissent, partent toutes ensemble, traversent les *mers,* et abordent en *Afrique,* ou se dispersent dans les *îles* de la *Méditerranée.* Vers le *retour* des beaux *jours,* au *printemps* suivant, la *Providence* les renvoie faire en nos *climats* une *guerre* acharnée aux *cousins,* aux *chenilles,* aux *charançons* et à d'autres *insectes* destructeurs de nos *forêts,* de nos *jardins* et de nos *moissons.*

RÉCAPITULATION.

L'élève dira le genre et le nombre des noms en italique.

Vous connaissez les *plantes,* mes petits *amis.* Les unes, comme le *blé,* le *seigle,* l'*orge,* servent à faire le *pain;* d'autres, comme l'*avoine,* le *trèfle,* la *luzerne,* les *herbes* dont se compose le *foin,* nourrissent plusieurs de nos *animaux* domestiques. Les *poiriers,* les *pommiers,* les *pêchers,* les *cerisiers,* les *abricotiers,* les *groseilliers,* etc., fournissent des *fruits* délicieux pour nos *desserts.* La *vigne* produit le *raisin* savoureux et sucré, dont le *jus* se convertit en *vin*. Le *chêne,* le *hêtre,* le *sapin,* le *noyer,* l'*acajou,* le *frêne,* et beaucoup d'autres grands *arbres* des *forêts,* produisent du *bois* pour le *chauffage,* la *charpente* des *maisons,* la *construction* des *vaisseaux* et la *fabrication* des *meubles* qui ornent nos *demeures.*

La *rose,* la *violette,* l'*œillet,* le *lis,* la *tulipe,* et mille autres *fleurs* aussi variées dans leur *forme* que dans leurs *couleurs,* embellissent les *jardins.*

Le *quinquina,* la *guimauve,* le *tilleul* donnent d'utiles *médicaments* pour soulager les *malades.*

Avec le *lin,* le *chanvre,* le *coton,* on tisse les *toiles* dont nous nous revêtons. Ainsi tout est utile parmi les *plantes,* jusqu'aux *poisons,* dont la *chimie* retire des *remèdes* puissants.

FORMATION DU PLURIEL.

SINGULIER :	PLURIEL :
La pomme.	*Les pommes.*
Le garçon.	*Les garçons.*
Le colibri.	*Les colibris.*

LE MAITRE. Quelle différence trouvez-vous entre les noms de la première colonne et ceux de la seconde colonne?

PAUL. Dans la première colonne, *pomme, garçon, colibri* sont au *singulier.* Dans la seconde, ces noms sont au *pluriel.*

JULIEN. Je remarque aussi que ces noms s'écrivent sans s au singulier, tandis qu'au pluriel ils sont tous terminés par la lettre *s.*

HENRI. On peut conclure de là que les noms prennent un s au pluriel. La lettre s serait en quelque sorte la livrée du nombre pluriel.

EXERCICE (*écrit*).

Noms à mettre au pluriel.

Le banc, la plume, le bouvreuil, la mésange, le loriot, le substantif, la grammaire, le mouton, la prière, le cerf, le violon, la chaise, la tulipe, le limaçon, le magasin, le cachot, le ramoneur, la cheminée, le tambour, la sangsue.

SINGULIER :	PLURIEL :
L'oiseau.	*Les oiseaux.*
Le joyau.	*Les joyaux.*
Le jeu.	*Les jeux.*
Le cheveu.	*Les cheveux.*

Les noms terminés par *au, eu,* prennent un *x* et non un *s* au pluriel.

EXERCICE (*écrit*).

L'élève mettra les noms suivants au pluriel.

L'oiseau, le gâteau, le fourneau, le neveu, le ciseau, le cadeau, le fagot, le veau, le vœu, le nœud, l'agneau, le lieu, le chapeau, le foin, le feu, le calcul, le troupeau, le maître, l'historien, le flambeau, le pieu.

SINGULIER :	PLURIEL :
Le cheval.	*Les chev*AUX.
Le journal.	*Les journ*AUX.
Le général.	*Les génér*AUX.

La plupart des noms terminés au singulier par *al* changent au pluriel *al* en *aux*.

EXERCICE (*écrit*).

L'élève mettra les noms suivants au pluriel.

Le cheval, le local, le bocal, le tribunal, le cheveu, le

bourreau, le laboureur, l'animal, le cardinal, le caporal, le feu, la rue, le bandeau, le métal, l'hôpital, la cicatrice, le cœur, le moineau, l'arsenal, le canal.

RÉCAPITULATION.

Devoir à mettre au pluriel.

Le fanal, la cathédrale, le pot, la peau, le bœuf, le mot, l'œuf, le chameau, le nid, la fourmi, l'adieu, le fourneau, le poison, le poisson, la maison, la leçon, le château, la sœur, l'essieu, le rival, l'aveu, le capital, la capitale, le hameau, le journal, l'hirondelle, le cristal, l'assiette, l'arsenal.

DE L'ADJECTIF.

Tous les objets, tous les êtres ont des qualités qui leur sont propres. Ainsi l'orange est *ronde*, l'eau est *transparente*, le marbre est *froid*, le tigre est *féroce* et le mouton est au contraire très-*doux*, l'abeille est *laborieuse* et le frelon *paresseux*, la figue est *sucrée* tandis que le citron est *acide*, enfin le bœuf est *sobre, docile, pesant, fort, infatigable, utile*, etc. Les mots *ronde, transparente, froid, féroce, doux, laborieuse, paresseux*, etc., qui disent comment sont les objets *orange, eau*, etc., sont appelés *adjec'ifs*.

Le Maître. Dans les exemples suivants : *La France est puissante, la nuit est noire, cet étang est poissonneux, l'Évangile est sublime,* quels sont les adjectifs ?

Paul. *Puissante* est un adjectif, parce qu'il dit comment est la *France; noire* est un adjectif, parce qu'il dit comment est la *nuit; poissonneux* est adjectif, parce qu'il dit comment est l'*étang; sublime* est adjectif, parce qu'il dit comment est l'*Évangile*.

3.

EXERCICE (*oral*).

L'élève nommera des objets (animaux, personnes ou choses) *qui possèdent les qualités marquées par les adjectifs suivants.*

Blanc, noir, dur, droit, utile, fidèle, doux, rouge, velu, léger, leste, glouton, rassis, véreux, fertile, instruit, instructif, bourbeuse, rouillé, amér, navigable, angora, aquilin, artésien.

ACCORD DE L'ADJECTIF.

L'Adjectif a toujours le même genre et le même nombre que le nom auquel il se rapporte. Ex. : *Un livre* UTILE, *des fleurs* ODORANTES.

Utile est masculin singulier, parce qu'il se rapporte à *livre* qui est au masculin singulier ; *odorantes* est féminin pluriel, parce qu'il se rapporte à *fleurs* qui est au féminin pluriel.

EXERCICE (*oral ou écrit*).

Tous les mots en italique sont des adjectifs ; l'élève en dira le genre et le nombre et indiquera les noms avec lesquels ces adjectifs s'accordent.

L'écureuil est *propre, leste, vif,* très-*alerte,* très-*éveillé,* très-*industrieux.* Ce *joli petit* animal n'est qu'à demi *sauvage.* Il a les yeux *pleins* de feu, la physionomie *fine,* le corps *nerveux,* les membres très-*dispos ;* sa *jolie* figure est encore *rehaussée, parée* par une *belle* queue en forme de panache, qu'il élève jusque par-dessus sa tête, et sous laquelle il se met à l'ombre. Il a la voix *éclatante* et *perçante.* L'écureuil est trop *léger* pour marcher, il va par *petits* sauts et quelquefois par bonds. Il a les ongles si *pointus* et les mouvements si *prompts,* qu'il grimpe en un instant sur un hêtre, dont l'écorce est fort *lisse.*

EXERCICE (*oral*).

L'élève dira quels sont les adjectifs qui qualifient les noms en italique.

Le *chevreuil* est plus gai, plus leste, plus éveillé que le *cerf*; sa *forme* est plus arrondie, plus élégante, et sa *figure* plus agréable; ses *yeux* surtout sont plus beaux, plus brillants, et paraissent animés d'un *sentiment* plus vif; ses *membres* sont plus souples, ses *mouvements* plus prestes, et il bondit sans efforts avec autant de force que de légèreté. Sa *robe* est toujours propre, son *poil* net et tacheté; il ne se roule jamais dans la fange comme le cerf; il ne se plaît que dans les *pays* les plus élevés, les plus secs et où l'*air* est le plus pur.

SINGULIER :	PLURIEL :
Le bon père.	*Les bons pères.*
La bonne mère.	*Les bonnes mères.*

En empruntant le nombre pluriel au nom, l'adjectif lui emprunte aussi la marque du pluriel, qui est la lettre *s*.

EXERCICE (*écrit*).

L'élève mettra au pluriel le nom et l'adjectif de chaque petite phrase.

Le fruit vert.
Le livre neuf.
Le canal profond.
L'enfant craintif.
Le jeune veau.
Le cheveu frisé.
Le vaisseau marchand.
L'écolier menteur.
L'essieu brisé.

Le signal convenu.
Le cerf léger.
La biche légère.
Le rosier fleuri.
La rose fleurie.
L'arbuste flexible.
Le sommier élastique.
Le général vainqueur.
Le paysan rusé.

Le merle flûteur.
La guerre civile.
Le fusil chargé.
La statue brisée.
La bonne fille.
Le drapeau tricolore.

L'apparence trompeuse.
Le petit garçon.
Le temple protestant.
La plante vénéneuse.
La vipère venimeuse.

EXERCICE.

L'élève mettra à la place de chaque tiret l'adjectif qui est en regard.

NOTA. Ce devoir est purement oral; c'est un exercice de prononciation et non d'orthographe.

Le frère paresseux.
Le drapeau flottant.
Le maître rigoureux.
Le ramier plaintif.
Le cygne blanc.
Le gros garçon.
Le beau pays.
Espoir trompeur.
Principe consolateur.
Un long voyage.
Un œuf frais.
Miel doux.
Siége bas.
Jugement faux.
Pied mignon.
Terrain mou.
Esprit malin.
Enfant câlin.
Le bon vieux temps.
Un prix fou.
Un rire franc.

La sœur —.
La dette —.
La peine —.
La colombe —.
La neige —.
La — fille.
La — jeunesse.
Espérance —.
Religion —.
Une — vie.
Une boisson —.
Liqueur —.
Messe —.
Balance —.
Main —.
Pâte —.
Fièvre —.
Petite fille —.
La — — femme.
Une dépense —.
Une personne —.

Le peuple italien.	La nation —.
Un vent sec.	Une toux —.
Discours bref.	Voyelle —.
Habit neuf.	Maison —.
Fruit sain.	Nourriture —.
Saint François.	— Françoise.
Petit garçon gentil.	— Fille —.

DU VERBE.

LE MAITRE. Connaissez-vous quelques actions que l'on peut faire avec les jambes ?

PAUL. Oui, monsieur. Avec les jambes, on peut *marcher, courir, sauter, danser*, etc.

LE MAITRE. Que peut-on faire avec les mains, les yeux, les dents, les oreilles ?

JULIEN. Avec les mains, on peut *saisir, atteindre, frapper* ; avec les yeux, on peut *regarder, voir, distinguer* ; avec les dents, on *mord*, on *broie*, on *déchire* ; avec les oreilles, on *écoute*, on *entend*, etc.

LE MAITRE. Les mots, tels que *marcher, courir, sauter, danser, saisir, atteindre, frapper, regarder, voir, distinguer, mordre, broyer, déchirer, écouter, entendre*, qui expriment une action, sont des *verbes*.

EXERCICE (*oral*).

Quelles sont les actions que l'on peut faire avec :

Une plume, un canif, un crayon, un couteau, une aiguille, un aiguillon, le marteau, des ailes, des nageoires, la charrue, une clé, un mètre, des balances, une meule de moulin, une meule de rémouleur, un levier, une échelle, une lancette, un verre, un seau, des tenailles, un poinçon, une pipe, un soufflet, un éteignoir, une truelle, des lunettes, un van, un rouet, de la gomme élastique, un cachet.

EXERCICE (*oral*)

Comment nomme-t-on celui qui fait l'action de :

Forger, tisser, peindre, teindre, sculpter, voyager, ciseler, mendier, copier, gronder, taquiner, boire, boiter, dormir, cultiver, jardiner, servir, inspecter, ramoner, conduire, conquérir, observer, babiller, se vanter, naviguer, médire, présider, chicaner, conter, dessiner, carillonner, étamer, examiner, interroger, protéger, maçonner, mentir, flatter, voler, recéler.

EXERCICE (*oral*).

Quels sont, parmi les animaux, ceux qui font l'action de :

Voler, nager, ramper, hennir, braire, rugir, aboyer, hurler, miauler, bêler, ruminer, butiner, bâtir, ronger, imiter (*les gestes*), répéter (*les mots*), filer, bourdonner, grimper, brouter, émigrer, dormir (*tout l'hiver*).

EXERCICE (*oral*).

Nommez les choses au moyen desquelles on peut faire l'action de :

Scier, varloper, écumer, saler, vinaigrer, bêcher, piocher, herser, faucher, moissonner, éponger, encenser, peigner, démêler, tricoter, presser (*le raisin*), presser (*le papier*), se balancer, dévider, arroser, se mirer, se moucher, se raser, bercer, pêcher, patiner, fouetter, sucrer, savonner, visser, enchaîner, bâtonner, bassiner, empoisonner.

Si je dis : *Je demande, tu récitais, Paul écouta, nous aperçûmes*, le mot *demande* exprime une des formes du verbe *demander* ; *récitais* exprime une des formes du verbe *réciter* ; *écouta*, une des formes du verbe *écouter* ; *aperçûmes*, une des formes du verbe *apercevoir*. Ces formes très-générales, *demander, réciter, écouter, apercevoir* sont celles par lesquelles on désigne le verbe. Ainsi, au lieu de dire le verbe *tu récitais*, le verbe *nous aperçûmes*, on dit le verbe *réciter*, le verbe *apercevoir*.

EXERCICE (*oral*).

Dans le devoir suivant, l'élève trouvera la forme générale ou infinitive du verbe.

J'aime, tu finis, il reçoit, nous rendons, vous cultiveriez, je viendrai, que je meure, ils cueilleront, tu deviendrais, nous vivons, nous croyons, je m'assiérai, que je sache, tu veux, tu peux, tu vaux, je naquis, tu connaissais, il vainquit, nous vécûmes, vous buviez, il craignait, je suivrais, je serai, j'avais, nous continuâmes, il additionnera, que tu conviennes.

DU PRÉSENT, DU PASSÉ ET DU FUTUR.

Aujourd'hui, présentement, actuellement, *je travaille*.
Hier, avant-hier, la semaine dernière, *je travaillais*.
Demain, après-demain, la semaine prochaine, *je travaillerai*.

Dans ces exemples, le verbe *travailler* a trois formes différentes : la première, *je travaille*, exprime le *présent* ; la deuxième, *je travaillais*, exprime le *passé* ; la troisième, *je travaillerai*, exprime le *futur* ou l'avenir.

Tous les verbes peuvent prendre ces trois formes. Ex. :

Présent : *Je chante, je récite, je dessine, j'écris ;*

PASSÉ : *Je chantais, je récitais, je dessinais, j'écrivais ;*
FUTUR : *Je chanterai, je réciterai, je dessinerai, j'écrirai.*

EXERCICE (oral).

L'élève mettra chacun des verbes suivants aux trois temps, présent, passé et futur.

Planter. Labourer un champ. Travailler. Conduire un troupeau. Aimer la rose. Respecter les vieillards. Plaindre un aveugle. Adorer Dieu. Réciter sa leçon. Tenir sa promesse. Parler bas. Voir. Écrire. Savoir. Aller à l'école. Ne pas mentir. Apprendre. Écouter le maître. Obéir au maître. Pleurer sans motif.

MODÈLE DU DEVOIR :

PRÉSENT.	PASSÉ.	FUTUR.
Je plante.	Je plantais.	Je planterai.
Je laboure un champ.	Je labourais un champ.	Je labourerai un champ.

Conjugaison du verbe ÊTRE.

INDICATIF.		SUBJONCTIF.

INDICATIF.

PRÉSENT.

Je suis.
Tu es.
Il est.
Nous sommes.
Vous êtes.
Ils sont.

IMPARFAIT.

J'étais.
Tu étais.
Il était.
Nous étions.
Vous étiez.
Ils étaient.

PASSÉ DÉFINI.

Je fus.
Tu fus.
Il fut.
Nous fûmes.
Vous fûtes.
Ils furent.

PASSÉ INDÉFINI.

J'ai été.
Tu as été.
Il a été.
Nous avons été.
Vous avez été.
Ils ont été.

PASSÉ ANTÉRIEUR.

J'eus été.
Tu eus été.
Il eut été.
Nous eûmes été.
Vous eûtes été.
Ils eurent été.

PLUS-QUE-PARFAIT.

J'avais été.
Tu avais été.
Il avait été.
Nous avions été.
Vous aviez été.
Ils avaient été.

FUTUR.

Je serai.
Tu seras.
Il sera.
Nous serons.
Vous serez.
Ils seront.

FUTUR ANTÉRIEUR.

J'aurai été.
Tu auras été.
Il aura été.
Nous aurons été.
Vous aurez été.
Ils auront été.

CONDITIONNEL.

PRÉSENT.

Je serais.
Tu serais.
Il serait.
Nous serions.
Vous seriez.
Ils seraient.

PASSÉ.

J'aurais été.
Tu aurais été.
Il aurait été.
Nous aurions été.
Vous auriez été.
Ils auraient été.

IMPÉRATIF.

Sois.
Soyons.
Soyez.

SUBJONCTIF.

PRÉSENT ou FUTUR.

Que je sois.
Que tu sois.
Qu'il soit.
Que nous soyons.
Que vous soyez.
Qu'ils soient.

IMPARFAIT.

Que je fusse.
Que tu fusses.
Qu'il fût.
Que nous fussions.
Que vous fussiez.
Qu'ils fussent.

PASSÉ.

Que j'aie été.
Que tu aies été.
Qu'il ait été.
Que nous ayons été.
Que vous ayez été.
Qu'ils aient été.

PLUS-QUE-PARFAIT.

Que j'eusse été.
Que tu eusses été.
Qu'il eût été.
Que nous eussions été.
Que vous eussiez été.
Qu'ils eussent été.

INFINITIF.

PRÉSENT.

Être.

PARTICIPE PRÉSENT.

Étant.

PARTICIPE PASSÉ.

Été.

Conjugaison du verbe AVOIR.

INDICATIF.

PRÉSENT.

J'ai.
Tu as.
Il a.
Nous avons.
Vous avez.
Ils ont.

IMPARFAIT.

J'avais.
Tu avais.
Il avait.
Nous avions.
Vous aviez.
Ils avaient.

PASSÉ DÉFINI.

J'eus.
Tu eus.
Il eut.
Nous eûmes.
Vous eûtes.
Ils eurent.

PASSÉ INDÉFINI.

J'ai eu.
Tu as eu.
Il a eu.
Nous avons eu.
Vous avez eu.
Ils ont eu.

PASSÉ ANTÉRIEUR.

J'eus eu.
Tu eus eu.
Il eut eu.
Nous eûmes eu.
Vous eûtes eu.
Ils eurent eu.

PLUS-QUE-PARFAIT.

J'avais eu.
Tu avais eu.
Il avait eu.
Nous avions eu.
Vous aviez eu.
Ils avaient eu.

FUTUR.

J'aurai.
Tu auras.
Il aura.
Nous aurons.
Vous aurez.
Ils auront.

FUTUR ANTÉRIEUR.

J'aurai eu.
Tu auras eu.
Il aura eu.
Nous aurons eu.
Vous aurez eu.
Ils auront eu.

CONDITIONNEL.

PRÉSENT.

J'aurais.
Tu aurais.
Il aurait.
Nous aurions.
Vous auriez.
Ils auraient.

PASSÉ.

J'aurais eu.
Tu aurais eu.
Il aurait eu.
Nous aurions eu.
Vous auriez eu.
Ils auraient eu.

IMPÉRATIF.

Aie.
Ayons.
Ayez.

SUBJONCTIF.

PRÉSENT ou FUTUR.

Que j'aie.
Que tu aies.
Qu'il ait.
Que nous ayons.
Que vous ayez.
Qu'ils aient.

IMPARFAIT.

Que j'eusse.
Que tu eusses.
Qu'il eût.
Que nous eussions.
Que vous eussiez.
Qu'ils eussent.

PASSÉ.

Que j'aie eu.
Que tu aies eu.
Qu'il ait eu.
Que nous ayons eu.
Que vous ayez eu.
Qu'ils aient eu.

PLUS-QUE-PARFAIT.

Que j'eusse eu.
Que tu eusses eu.
Qu'il eût eu.
Que nous eussions eu.
Que vous eussiez eu.
Qu'ils eussent eu.

INFINITIF.

PRÉSENT.

Avoir.

PARTICIPE PRÉSENT.

Ayant.

PARTICIPE PASSÉ.

Eu.

Première Conjugaison, en ER.

INDICATIF.		SUBJONCTIF.

INDICATIF.

PRÉSENT.

J'aim *e*.
Tu aim *es*.
Il aim *e*.
Nous aim *ons*.
Vous aim *ez*.
Ils aim *ent*.

IMPARFAIT.

J'aim *ais*.
Tu aim *ais*.
Il aim *ait*.
Nous aim *ions*.
Vous aim *iez*.
Ils aim *aient*.

PASSE DÉFINI.

J'aim *ai*.
Tu aim *as*.
Il aim *a*.
Nous aim *âmes*.
Vous aim *âtes*.
Ils aim *èrent*.

PASSÉ INDÉFINI.

J'ai aim *é*.
Tu as aim *é*.
Il a aim *é*.
Nous avons aim *é*.
Vous avez aim *é*.
Ils ont aim *é*.

PASSÉ ANTÉRIEUR.

J'eus aim *é*.
Tu eus aim *é*.
Il eut aim *é*.
Nous eûmes aim *é*.
Vous eûtes aim *é*.
Ils eurent aim *é*.

PLUS-QUE-PARFAIT.

J'avais aim *é*.
Tu avais aim *é*.
Il avait aim *é*.
Nous avions aim *é*.
Vous aviez aim *é*.
Ils avaient aim *é*.

FUTUR.

J'aim *erai*.
Tu aim *eras*.
Il aim *era*.
Nous aim *erons*.
Vous aim *erez*.
Ils aim *eront*.

FUTUR ANTÉRIEUR.

J'aurai aim *é*.
Tu auras aim *é*.
Il aura aim *é*.
Nous aurons aim *é*.
Vous aurez aim *é*.
Ils auront aim *é*.

CONDITIONNEL.

PRÉSENT.

J'aim *erais*.
Tu aim *erais*.
Il aim *erait*.
Nous aim *erions*.
Vous aim *eriez*.
Ils aim *eraient*.

PASSÉ.

J'aurais aim *é*.
Tu aurais aim *é*.
Il aurait aim *é*.
Nous aurions aim *é*.
Vous auriez aim *é*.
Ils auraient aim *é*.

IMPÉRATIF.

Aim *e*.
Aim *ons*.
Aim *ez*.

SUBJONCTIF.

PRÉSENT OU FUTUR.

Que j'aim *e*.
Que tu aim *es*.
Qu'il aim *e*.
Que nous aim *ions*.
Que vous aim *iez*.
Qu'ils aim *ent*.

IMPARFAIT.

Que j'aim *asse*.
Que tu aim *asses*.
Qu'il aim *ât*.
Que nous aim *assions*.
Que vous aim *assiez*.
Qu'ils aim *assent*.

PASSÉ.

Que j'aie aim *é*.
Que tu aies aim *é*.
Qu'il ait aim *é*.
Que nous ayons aim *é*.
Que vous ayez aim *é*.
Qu'ils aient aim *é*.

PLUS QUE PARFAIT.

Que j'eusse aim *é*.
Que tu eusses aim *é*.
Qu'il eût aim *é*.
Que nous eussions aim *é*.
Que vous eussiez aim *é*.
Qu'ils eussent aim *é*.

INFINITIF.

PRÉSENT.

Aim *er*.

PARTICIPE PRÉSENT.

Aim *ant*.

PARTICIPE PASSÉ.

Aim *é*.

Deuxième Conjugaison, en IR.

INDICATIF.

PRÉSENT.

Je fin *is*.
Tu fin *is*.
Il fin *it*.
Nous fin *issons*.
Vous fin *issez*.
Ils fin *issent*.

IMPARFAIT.

Je fin *issais*.
Tu fin *issais*.
Il fin *issait*.
Nous fin *issions*.
Vous fin *issiez*.
Ils fin *issaient*.

PASSÉ DÉFINI.

Je fin *is*
Tu fin *is*.
Il fin *it*.
Nous fin *îmes*.
Vous fin *îtes*.
Ils fin *irent*.

PASSÉ INDÉFINI.

J'ai fin *i*.
Tu as fin *i*.
Il a fin *i*.
Nous avons fin *i*.
Vous avez fin *i*.
Ils ont fin *i*.

PASSÉ ANTÉRIEUR.

J'eus fin *i*.
Tu eus fin *i*.
Il eut fin *i*.
Nous eûmes fin *i*.
Vous eûtes fin *i*.
Ils eurent fin *i*.

PLUS-QUE-PARFAIT.

J'avais fin *i*.
Tu avais fin *i*.
Il avait fin *i*.
Nous avions fin *i*.
Vous aviez fin *i*.
Ils avaient fin *i*.

FUTUR.

Je fin *irai*.
Tu fin *iras*.
Il fin *ira*.
Nous fin *irons*.
Vous fin *irez*.
Ils fin *iront*.

FUTUR ANTÉRIEUR.

J'aurai fin *i*.
Tu auras fin *i*.
Il aura fin *i*.
Nous aurons fin *i*.
Vous aurez fin *i*.
Ils auront fin *i*.

CONDITIONNEL.

PRÉSENT.

Je fin *irais*.
Tu fin *irais*.
Il fin *irait*.
Nous fin *irions*.
Vous fin *iriez*.
Ils fin *iraient*.

PASSÉ.

J'aurais fin *i*.
Tu aurais fin *i*.
Il aurait fin *i*.
Nous aurions fin *i*.
Vous auriez fin *i*.
Ils auraient fin *i*.

IMPÉRATIF.

Fin *is*.
Fin *issons*.
Fin *issez*.

SUBJONCTIF.

PRÉSENT-*ou* FUTUR.

Que je fin *isse*.
Que tu fin *isses*.
Qu'il fin *isse*.
Que nous fin *issions*.
Que vous fin *issiez*.
Qu'ils fin *issent*.

IMPARFAIT.

Que je fin *isse*.
Que tu fin *isses*.
Qu'il fin *it*.
Que nous fin *issions*.
Que vous fin *issiez*.
Qu'ils fin *issent*.

PASSÉ.

Que j'aie fin *i*.
Que tu aies fin *i*.
Qu'il ait fin *i*.
Que nous ayons fin *i*.
Que vous ayez fin *i*.
Qu'ils aient fin *i*.

PLUS-QUE-PARFAIT.

Que j'eusse fin *i*.
Que tu eusses fin *i*.
Qu'il eût fin *i*.
Que nous eussions fin *i*.
Que vous eussiez fin *i*.
Qu'ils eussent fin *i*.

INFINITIF.

PRÉSENT.

Fin *ir*.

PARTICIPE PRÉSENT.

Fin *issant*.

PARTICIPE PASSÉ.

Fin *i*.

Troisième Conjugaison, en OIR.

INDICATIF.		SUBJONCTIF.

INDICATIF.

PRÉSENT.

Je reç *ois.*
Tu reç *ois.*
Il reç *oit.*
Nous recev *ons.*
Vous recev *ez.*
Ils reçoiv *ent.*

IMPARFAIT.

Je recev *ais.*
Tu recev *ais.*
Il recev *ait.*
Nous recev *ions.*
Vous recev *iez.*
Ils recev *aient.*

PASSÉ DÉFINI.

Je reç *us.*
Tu reç *us.*
Il reç *ut.*
Nous reç *ûmes.*
Vous reç *ûtes.*
Ils reç *urent.*

PASSÉ INDÉFINI.

J'ai reç *u.*
Tu as reç *u.*
Il a reç *u.*
Nous avons reç *u.*
Vous avez reç *u.*
Ils ont reç *u.*

PASSÉ ANTÉRIEUR.

J'eus reç *u.*
Tu eus reç *u.*
Il eut reç *u.*
Nous eûmes reç *u.*
Vous eûtes reç *u.*
Ils eurent reç *u.*

PLUS-QUE-PARFAIT.

J'avais reç *u.*
Tu avais reç *u.*
Il avait reç *u.*
Nous avions reç *u.*
Vous aviez reç *u.*
Ils avaient reç *u.*

FUTUR.

Je recev *rai.*
Tu recev *ras.*
Il recev *ra.*
Nous recev *rons.*
Vous recev *rez.*
Ils recev *ront.*

FUTUR ANTÉRIEUR.

J'aurai reç *u.*
Tu auras reç *u.*
Il aura reç *u.*
Nous aurons reç *u.*
Vous aurez reç *u.*
Ils auront reç *u.*

CONDITIONNEL.

PRÉSENT.

Je recev *rais.*
Tu recev *rais.*
Il recev *rait.*
Nous recev *rions.*
Vous recev *riez.*
Ils recev *raient.*

PASSÉ.

J'aurais reç *u.*
Tu aurais reç *u.*
Il aurait reç *u.*
Nous aurions reç *u.*
Vous auriez reç *u.*
Ils auraient reç *u.*

IMPÉRATIF.

Reç *ois.*
Recev *ons.*
Recev *ez.*

SUBJONCTIF.

PRÉSENT *ou* FUTUR.

Que je reç *oive.*
Que tu reç *oives.*
Qu'il reç *oive.*
Que nous rec *evions.*
Que vous rec *eviez.*
Qu'ils reç *oivent.*

IMPARFAIT.

Que je reç *usse.*
Que tu reç *usses.*
Qu'il reç *ût.*
Que nous reç *ussions.*
Que vous reç *ussiez.*
Qu'ils reç *ussent.*

PASSÉ.

Que j'aie reç *u.*
Que tu aies reç *u.*
Qu'il ait reç *u.*
Que nous ayons reç *u.*
Que vous ayez reç *u.*
Qu'ils aient reç *u.*

PLUS-QUE-PARFAIT.

Que j'eusse reç *u.*
Que tu eusses reç *u.*
Qu'il eût reç *u.*
Que nous eussions reç *u.*
Que vous eussiez reç *u.*
Qu'ils eussent reç *u.*

INFINITIF.

PRÉSENT.

Recev *oir.*

PARTICIPE PRÉSENT.

Recev *ant.*

PARTICIPE PASSÉ.

Reç *u.*

Quatrième Conjugaison, en RE.

INDICATIF.

PRÉSENT.

Je rend *s.*
Tu rend *s.*
Il rend.
Nous rend *ons.*
Vous rend *ez.*
Ils rend *ent.*

IMPARFAIT.

Je rend *ais.*
Tu rend *ais.*
Il rend *ait.*
Nous rend *ions.*
Vous rend *iez.*
Ils rend *aient.*

PASSÉ DÉFINI.

Je rend *is.*
Tu rend *is.*
Il rend *it.*
Nous rend *îmes.*
Vous rend *îtes.*
Ils rend *irent.*

PASSÉ INDÉFINI.

J'ai rend *u.*
Tu as rend *u.*
Il a rend *u.*
Nous avons rend *u.*
Vous avez rend *u.*
Ils ont rend *u.*

PASSÉ ANTÉRIEUR.

J'eus rend *u.*
Tu eus rend *u.*
Il eut rend *u.*
Nous eûmes rend *u.*
Vous eûtes rend *u.*
Ils eurent rend *u.*

PLUS-QUE-PARFAIT.

J'avais rend *u.*
Tu avais rend *u.*
Il avait rend *u.*
Nous avions rend *u.*
Vous aviez rend *u.*
Ils avaient rend *u.*

FUTUR.

Je rend *rai.*
Tu rend *ras.*
Il rend *ra.*
Nous rend *rons.*
Vous rend *rez.*
Ils rend *ront.*

FUTUR ANTÉRIEUR.

J'aurai rend *u.*
Tu auras rend *u.*
Il aura rend *u.*
Nous aurons rend *u.*
Vous aurez rend *u.*
Ils auront rend *u.*

CONDITIONNEL.

PRÉSENT.

Je rend *rais.*
Tu rend *rais.*
Il rend *rait.*
Nous rend *rions.*
Vous rend *riez.*
Ils rend *raient.*

PASSÉ.

J'aurais rend *u.*
Tu aurais rend *u.*
Il aurait rend *u.*
Nous aurions rend *u.*
Vous auriez rend *u.*
Ils auraient rend *u.*

IMPÉRATIF.

Rend *s.*
Rend *ons.*
Rend *ez.*

SUBJONCTIF.

PRÉSENT *ou* FUTUR.

Que je rend *e.*
Que tu rend *es.*
Qu'il rend *e.*
Que nous rend *ions.*
Que vous rend *iez.*
Qu'ils rend *ent.*

IMPARFAIT.

Que je rend *isse.*
Que tu rend *isses.*
Qu'il rend *ît.*
Que nous rend *issions.*
Que vous rend *issiez.*
Qu'ils rend *issent.*

PASSÉ.

Que j'aie rend *u.*
Que tu aies rend *u.*
Qu'il ait rend *u.*
Que nous ayons rend *u.*
Que vous ayez rend *u.*
Qu'ils aient rend *u.*

PLUS-QUE-PARFAIT.

Que j'eusse rend *u.*
Que tu eusses rend *u.*
Qu'il eût rend *u.*
Que nous eussions rend *u.*
Que vous eussiez rend *u.*
Qu'ils eussent rend *u.*

INFINITIF.

PRÉSENT.

Rend *re.*

PARTICIPE PRÉSENT.

Rend *ant.*

PARTICIPE PASSÉ.

Rend *u.*

TROISIÈME PARTIE.

EXERCICES LEXICOLOGIQUES.

PREMIER EXERCICE (1).

L'élève transformera les verbes suivants en noms terminés par AGE.

Aborder.	Échafauder.	Mesurer.
Ajuster.	Éclairer.	Outrager.
Allier.	Emballer.	Partager.
Arpenter.	Entourer.	Passer.
Arroser.	Équiper.	Paver.
Assembler.	Espionner.	Persiffler.
Atteler.	Étaler.	Piller.
Badiner.	Étamer.	Plumer.
Barbouiller.	Gager.	Raccommoder.
Bavarder.	Gaspiller.	Radoter.
Blanchir.	Griffonner.	Raffiner.
Carreler.	Hériter.	Ravager.
Chauffer.	Jardiner.	Savonner.
Chômer.	Labourer.	Scier.
Cirer.	Laver.	Tapager.
Coller.	Marier.	Témoigner.
Colporter.	Ménager.	Voyager.

---

(1) Les quinze premiers exercices de ce chapitre peuvent être faits *oralement* et *par écrit.*

DEUXIÈME EXERCICE.

L'élève transformera les verbes suivants en noms terminés par ON.

NOTA. Dans cet exercice et les suivants, nous avons écrit en italique les mots dont le radical subit une l·gère modification.

Abandonner.	Crayonner.	Harponner.
Aiguillonner.	Donner.	Maçonner.
Badigeonner.	*Enchaîner.*	Moissonner.
Bâillonner.	*Entonner.*	Papillonner.
Batailler,	Éperonner.	Pardonner.
Bouillonner.	*S'époumoner.*	Raisonner.
Bourdonner.	Espionner.	Rançonner.
Bourgeonner.	Façonner.	Rayonner.
Boutonner.	Festonner.	*Résonner.*
Canonner.	Friponner.	Savonner.
Caparaçonner.	Frissonner.	Sermonner.
Carillonner.	Galonner.	Sillonner.
Charbonner.	Gasconner.	Soupçonner.
Chiffonner.	Goudronner.	Talonner.
Cramponner.	Griffonner.	Tourbillonner.

TROISIÈME EXERCICE.

L'élève transformera les verbes en mots (noms ou adjectifs) ayant pour terminaison IN.

Badiner.	Décliner.	Jardiner.
Baragouiner.	Dessiner.	Lambiner.
Buriner.	Destiner.	Lutiner.
Butiner.	Deviner.	Patiner.
Câliner.	*Emmagasiner.*	Satiner.
Chagriner.	*Envenimer.*	Scruter.
Cheminer.	Festiner.	Seriner.
Craquer.	Gratter.	Taquiner.

QUATRIÈME EXERCICE.

Transformer les verbes suivants en noms terminés par ET.
Exemple : banqueter, cacheter, caqueter.
On obtient : banquet, cachet, caquet.

Arrêter.	*Empaqueter.*	Parqueter.
Assujettir.	*Empoigner.*	Projeter.
Banqueter.	Feuilleter.	Refléter.
Cacheter.	Fouetter.	Regretter.
Caqueter.	Fureter.	Rejeter.
Se colleter.	Guetter.	Ricocher.
Couper.	Jeter.	Siffler.
Crocheter.	Jouer.	Souffleter.
Croquer.	Lacer.	Trancher.
Décréter.	Ourler.	Trébucher.

CINQUIÈME EXERCICE.

Traduire les verbes suivants en noms terminés par ADE.

Accoler.	Galoper.	Peupler.
Bâtonner.	Gambader.	Poivrer.
Braver.	Gasconner.	Pommader.
Canonner.	Glisser.	Promener.
Embrasser.	Griffer.	Reculer.
S'embusquer.	Noyer.	Régaler.
Enfiler.	Parader.	Ruer.
Escalader.	Passer.	*Seriner.*

SIXIÈME EXERCICE.

Traduire les verbes en noms ayant pour finale ERIE.

Battre.	Broder.	Causer.
Bouder.	Cajoler.	Draper.

4

Escroquer.	Jongler.	Rêver.
Se fâcher.	Maçonner.	Singer.
Filouter.	Mentir.	Sonner.
Flagorner.	Minauder.	Sucrer.
Flatter.	Se moquer.	Tanner.
Fondre.	Se mutiner.	Tapisser.
Friponner.	Niaiser.	Taquiner.
Se gendarmer.	Plaider.	Tracasser.
Gronder.	Plaisanter.	Tricher.
Idolâtrer.	Raffiner.	Tromper.
Imprimer.	Railler.	Tuer.

SEPTIÈME EXERCICE.

L'élève transformera les verbes en noms ayant pour finale
MENT.

Accompagner.	Bêler.	Hennir.
Accomplir.	Châtier.	Hurler.
Accroître.	Chatouiller.	Loger.
Acquitter.	Coasser.	Manier.
Affaiblir.	Croasser.	Miauler.
Affaisser.	Complimenter.	Mugir.
Affermir.	Consentir.	Orner.
Agrandir.	Se dévouer.	Payer.
Aligner.	Se divertir.	Perfectionner.
Allaiter.	Enchanter.	Rafraîchir.
Anéantir.	Engourdir.	Raisonner.
Applaudir.	Enregistrer.	Rayonner.
Approvisionner.	Enterrer.	Remercier.
Attendrir.	Établir.	Rugir.
Avertir.	Étourdir.	Siffler.
Bâiller.	Gémir.	Soulager.
Balbutier.	Gouverner.	Travestir.

Trembler.	Tressaillir.	Vêtir.
Trépigner.	Tutoyer.	Vomir.

HUITIÈME EXERCICE.

Transformer les verbes qui suivent en noms ayant pour finale son (*son se prononçant zon*).

Combiner.	Exhaler.	Se pâmer.
Comparer.	Faner.	Pendre.
Conjuguer.	Faucher.	Pérorer.
Décliner.	*Fleurir*.	Peser.
Démanger.	Grisonner.	Raisonner.
Déraisonner.	Guérir.	Saler.
Échauffer.	Incliner.	Tisonner.
Empoisonner.	Lier.	Trahir.
Emprisonner.	Livrer.	

NEUVIÈME EXERCICE.

L'élève transformera les verbes de cet exercice en noms ayant pour finale tion.

Absoudre.	Adorer.	Célébrer.
Accuser.	*Affliger*.	Circuler.
Acquérir.	Ambitionner.	Composer.
Additionner.	Améliorer.	Condamner.
Soustraire.	Amputer.	Confectionner.
Multiplier.	*Approuver*.	Confirmer.
Diviser.	Argumenter.	*Construire*.
Affirmer.	Aspirer.	*Contredire*.
Nier.	Assigner.	Créer.
Administrer.	Autoriser.	Damner.
Admirer.	Bénir.	Déclarer.
Adopter.	Capituler.	Décorer.

Démolir.	Fermenter.	Justifier.
Digérer.	Filtrer.	Modérer.
Diriger.	Germer.	Perfectionner.
Distribuer.	Illustrer.	Prononcer.
Donner.	Inonder.	Saluer.
Doter.	Inspecter.	Stationner
Élever.	Installer.	Varier.
Ériger.	Intervenir.	Vérifier.

DIXIÈME EXERCICE.

Traduire les verbes suivants en noms terminés par URE.

Aller.	Figurer.	Nourrir.
Armer.	Flétrir.	*Ouvrir.*
Balayer.	Fouler.	Parer.
Blesser.	Fournir.	*Peindre.*
Border.	Fourrer.	Piquer.
Briser.	Fracturer.	Pourrir.
Brocher.	Frire.	*Rompre.*
Brûler.	Friser.	Scier.
Casser.	Gager.	Sculpter.
Censurer.	Garnir.	Serrer.
Chausser.	Graver.	Signer.
Confire.	Injurier.	Souder.
Créer.	*Joindre.*	Souiller.
Écrire.	*Lire.*	*Teindre.*
Enfler.	Mesurer.	*Tendre.*
Enjoliver.	Meurtrir.	Tonsurer.
Enluminer.	Moisir.	User.
Éplucher.	*Mordre.*	Voiturer.
Ferrer.	Murmurer.	

ONZIÈME EXERCICE.

Traduire les verbes qui suivent en noms ayant pour finales
ANCE, ENCE.

.ANCE :		ENCE :
Balancer.	Ignorer.	*S'abstenir.*
Complaire.	Jouir.	*Concourir.*
Confier.	Naître.	Exiger.
Connaître.	Obéir.	Exister.
Croire.	Persévérer.	*Expérimenter.*
Croître.	*Pouvoir.*	Impatienter.
Se défier.	Prévoir.	Négliger.
Se méfier.	Résister.	Patienter.
Délivrer.	Ressembler.	Préférer.
Dépendre.	Surveiller.	Présider.
Échoir.	Survivre.	Résider.
Espérer.	Venger.	Semer.
Faillir.		

DOUZIÈME EXERCICE.

L'élève transformera les verbes en noms terminés par **EUR.**

Accuser.	Bouder.	Conspirer.
Acheter.	Broder.	*Construire.*
Admirer.	Calomnier.	Créer.
Adorer.	Chanter.	Cultiver.
Allumer.	Chasser.	Demander.
Apprécier.	Coiffer.	Dénoncer.
Apprêter.	Colporter.	*Détruire.*
Arpenter.	*Conduire.*	Dévaster.
Baigner.	Confesser.	Dire.
Barbouiller.	Confire.	Diviser.
Balayer.	*Connaître.*	Dompter.
Batailler.	Conserver.	Dorer.
Boire.	Consoler.	Dormir.

4.

Entreprendre.	Imiter.	*Posséder.*
Escamoter.	Imprimer.	*Protéger.*
Examiner.	Jouer.	Questionner.
Faner.	Joûter.	Renifler.
Flâner.	Mentir.	Solliciter.
Flotter.	Naviguer.	*Souscrire.*
Fournir.	Parier.	Travailler.
Glaner.	Parler.	Vendanger.
Gouverner.	Plaider.	Voyager.

TREIZIÈME EXERCICE.

L'élève transformera les verbes suivants en noms ayant pour finale ITÉ.

Activer.	Fraterniser.	*Mourir.*
Brutaliser.	Généraliser.	*Mûrir.*
Célébrer.	*Hériter.*	Obscurcir.
Civiliser.	Humaniser.	Prodiguer.
Continuer.	S'humilier.	Prospérer.
Diviniser.	Immortaliser.	Publier.
Égaliser.	Importuner.	Régulariser.
Électriser.	Incommoder.	Rivaliser.
Éterniser.	Indemniser.	Tranquilliser.
Féconder.	Légitimer.	Utiliser.
Fertiliser.	Mendier.	
Fixer.	Moraliser.	

QUATORZIÈME EXERCICE.

Traduire les verbes en noms terminés par ESSE.

· **Nota.** En passant à l'état de substantif, la plupart des **verbes** de cet exercice perdent leur syllabe initiale.

Ajuster.	Assouplir.	Baisser.
S'amollir.	Attendrir.	Caresser.
Anoblir.	Attrister.	S'enhardir.

S'enivrer.	Promettre.	Tresser.
S'enrichir.	Rajeunir.	Vieillir.
Faiblir.	Rapetisser.	
Fortifier.	Sécher.	

QUINZIÈME EXERCICE.

Tous les mots du devoir suivant sont des noms, que l'élève changera en verbes.

Exemple : *abattoir, abreuvoir, arrosoir.*

On obtient: *abattre, abreuver, arroser.*

Abattoir.	Encensoir.	Observatoire.
Abreuvoir.	Espoir.	Parloir.
Arrosoir.	Éteignoir.	Peignoir.
Baignoire.	Étouffoir.	Perchoir.
Balançoire.	Fermoir.	Pressoir.
Bassinoire.	Glissoire.	Râcloir.
Battoir.	Grattoir.	Rasoir.
Comptoir.	Interrogatoire.	Reposoir.
Crachoir.	Lavoir.	Rôtissoire.
Démêloir.	Lardoire.	Sarcloir.
Dévidoir.	Mâchoire.	Semoir.
Dortoir.	Mangeoire.	Trottoir.
Écritoire.	Mouchoir.	
Écumoire.	Nageoire.	

SEIZIÈME EXERCICE (*oral*).

Le *pharmacien* est un homme qui s'occupe de *pharmacie;* le *menuisier,* de *menuiserie;* le *charron,* de *charronnage;* l'*architecte,* d'*architecture.*

De quoi s'occupent :

Le serrurier.	L'épicier.	Le coutelier.
L'horloger.	Le pâtissier.	Le chapelier.

Le jardinier.	Le libraire.	L'astronome.
Le cultivateur.	Le peintre.	Le médecin.
L'agriculteur.	Le sculpteur.	Le chirurgien.
Le coiffeur.	Le maçon.	Le comédien.
Le doreur.	L'ébéniste.	Le tragédien.
Le ramoneur.	Le graveur.	Le musicien.
Le calculateur.	Le potier.	L'historien.
L'arpenteur.	Le physicien.	Le géographe.
L'étameur.	Le chimiste.	Le magicien.
L'imprimeur.	L'opticien.	Le grammairien.

MODÈLE DU DEVOIR.

INDIVIDUS :	PROFESSIONS :
Serrurier.	Serrurerie.
Horloger.	Horlogerie.

DIX-SEPTIÈME EXERCICE (*oral*).

Comment nomme-t-on celui qui vend ou fabrique :

Du drap.	Des serrures.	Des souliers.
Des chapeaux.	Des lampes.	Des cordes.
Du ruban.	Du charbon.	Des matelas.
De la passemente-rie.	Des tapis.	Des livres.
Le marbre.	Des lunettes.	Des armures.
Le plâtre.	De la faïence.	Des fruits.
Des horloges.	Des fleurs.	Des clous.
De la quincaillerie.	Des liqueurs.	Des tonneaux.
Des vitres.	Du pain.	Des couteaux.
Du papier.	De la pâtisserie.	
	Des sabots.	

DIX-HUITIÈME EXERCICE (*oral*).

Comment nomme-t-on celui qui conduit:

Des chèvres, des dindons, des porcs, des brebis, des

bœufs, des ânes, des mulets, des vaches, des chameaux, un faucon, une voiture, un bateau, une gondole, un aérostat, une charrette, un cheval (*le féminin de cheval est cavale*), un éléphant.

NOTA. Dans cet exercice, le radical du nom conducteur est le même que celui du nom de l'être ou de l objet conduits.

Exercice : des *chèvres*, un *chevrier*. Il faut excepter *éléphant*.

DIX-NEUVIÈME EXERCICE (*oral*).

Comment appelle-t-on l'arbre qui produit :

La prune, la pomme, la poire, l'orange, le citron, l'olive, la cerise, la merise, la fraise, la framboise, la nèfle, la noix, la noix de coco, le raisin, le gland, la châtaigne, le marron d'Inde, la grenade, la datte, le café, le poivre, le sucre (*nommez deux plantes*), la pêche, l'abricot, la noisette, l'amande, la figue, la prunelle, la groseille, le chènevis, le coing, le genièvre.

VINGTIÈME EXERCICE (*oral*).

Quand je dis *mon livre*, c'est comme si je disais *le livre qui est à moi ; ton chapeau, le chapeau qui est à toi ; son mouchoir, le mouchoir qui est à lui.*

Traduisez sur ce modèle les phrases suivantes.

Mes amis, notre jardin, vos rosiers, ses appartements, ton crayon, son argent, ma montre, votre habit, tes sœurs, sa chaumière, leurs meubles, ton fils indolent, mon vieux chapeau, tes prix, nos vignes.

VINGT-ET-UNIÈME EXERCICE (*oral* et *écrit*).

Contre-partie du devoir precedent.

Au lieu de dire : *Les plumes qui sont à moi, le crayon*

qui est à lui, la prairie qui est à vous, on dit : *Mes plumes, son crayon, votre prairie.*

Vous ferez subir ce changement aux petites phrases sui-vantes.

L'enfant qui est à moi. Les chevaux qui sont à toi. La canne et le parapluie qui sont à moi. Les chiens qui sont à lui. Les trois billes qui sont à toi. Les cinq bons points qui sont à moi. Tous les transparents qui sont à nous. Les mauvais souliers qui sont à moi. La patrie qui est à vous. Les gants qui sont à eux. Les enfants qui sont à nous. L'estampe qui est à elle. L'estampe qui est à lui. Les beaux habits des dimanches qui sont à eux.

VINGT-DEUXIÈME EXERCICE (oral).

Il y a des mots comme *laborieux, compatissant, prier*, etc., qui expriment des qualités, des actions louables ; il y en a d'autres qui expriment des défauts, des actions blâmables : tels sont *mentir, paresseux, hargneux*, etc.

L'élève fera cette distinction sur les mots suivants :

Désobéir.	Poli.	Désobéissant.
Travailler.	Colère.	Imprudent.
Trahir.	Haine.	Industrieux.
Tromper.	Étourderie.	Économe.
Faire l'aumône.	Modeste.	Prodigue.
Traîtreusement.	Distrait.	Avare.
Hypocrisie.	Capricieux.	Courageux.
Générosité.	Instruit.	Téméraire.
Courage.	Grossier.	S'entêter.
Indiscrétion.	Honnête.	Railler.
Ignorance.	Religieux.	S'instruire.
Blasphémer.	Jaloux.	Flagorner.
Docile.	Obligeant.	Marauder.
Radoteur.	Orgueilleux.	Renifler.

VINGT-TROISIÈME EXERCICE (oral).

Inabordable signifie *qui ne peut être abordé.*
Inconsolable signifie *qui ne peut être consolé.*
Incurable signifie *qui ne peut être guéri.*

L'élève expliquera, sur ce modèle, chacun des mots suivants.

Inaltérable.	Indomptable.	Intolérable.
Incalculable.	Inébranlable.	Invendable.
Incompréhensible.	Ineffaçable.	Invincible.
Inconcevable.	Inexcusable.	Imperceptible.
Inconciliable.	Inexécutable.	Impérissable.
Incontestable.	Infranchissable.	Imperméable.
Incroyable.	Inhabitable.	Impitoyable.
Incorruptible.	Innombrable.	Incombustible.
Incorrigible.	Insupportable.	Insatiable.
Indissoluble.	Interminable.	Invulnérable.

VINGT-QUATRIÈME EXERCICE (oral).

Certains adjectifs expriment les qualités des corps ; ces qualités sont extérieures et peuvent tomber sous les sens. D'autres adjectifs expriment les qualités de l'esprit, de l'âme ou du cœur ; ces qualités sont intérieures et ne peuvent tomber sous les sens.

Exemple : *homme maigre, cheval blanc ; homme instruit, cheval docile.*

Les adjectifs *maigre, blanc,* expriment des qualités corporelles, et les adjectifs *instruit, docile,* des qualités spirituelles.

L'élève dira si les adjectifs des petites phrases suivantes expriment des qualités extérieures ou des qualités intérieures.

Ours brun.	Enfant mutin.
Lièvre timide.	Mère indulgente.

Lion courageux.	Brebis tondue.
Lion énorme.	Pomme acide.
Homme poli.	Encre noire.
Vieillard expérimenté.	Clodion-le-Chevelu.
Vieillard aveugle.	Robert-le-Pieux.
Renard rouge.	Pépin-le-Bref.
Renard rusé.	Louis-le-Gros.
Chat angora.	Philippe-le-Long.
Chat tigré.	Jean-le-Bon.
Mouton stupide.	Napoléon-le-Grand.

VINGT-CINQUIÈME EXERCICE (*oral* et *écrit*).

L'élève achèvera chacune des phrases suivantes au moyen du verbe ÊTRE, *affirmatif ou négatif.*

MODÈLE DU DEVOIR.

La fourmi.....laborieuse.	*Le plomb........léger.*
La fourmi EST *laborieuse.*	*Le plomb* N'EST PAS *léger.*

La malpropreté... un vice.	L'heure de notre mort... certaine.
Le mensonge... louable.	L'or... rare.
Le liége... léger.	L'or... rare en Californie.
Le plomb... léger.	Le fer... rare.
La poule... craintive.	Le fer... très-utile.
La poule, quand elle a des poussins... craintive.	Les vacances... ennuyeuses.
La couleuvre... venimeuse.	Dieu... éternel.
La vipère... venimeuse.	La tulipe... odorante.
Le corps... immortel.	La rose... odorante.
L'âme... immortelle.	Le mensonge... un péché.
L'eau de la mer... salée.	La grammaire... amusante.
L'eau des fleuves... salée.	La grammaire... utile.
L'oseille... sucrée.	La France... une île.
Notre mort... certaine.	L'Angleterre... une île.

Les Arabes... chrétiens.
Le chat... fidèle.
Le chat... utile.
La guerre... ruineuse.
L'éléphant... carnassier.
L'éléphant... animal raison-
  nable.
L'air... pesant.

Le soleil... petit.
Les étoiles... éloignées.
Tous les hivers... froids.
Tous les écoliers... pares-
  seux.
Tous les oiseaux... couverts
  de plumes (1).
La taupe... aveugle (2).

VINGT-SIXIÈME EXERCICE (*oral* et *écrit*).

Dans les mots *lionceau*, *apporter*, *transplanter*, etc., on trouve les radicaux *lion*, *porter*, *planter*, etc., qui ont évidemment servi à les former.

En opérant de la même manière, l'élève trouvera un mot français dans chacun des termes du devoir suivant.

Abuser.	Déshabiller.	Miette.
Accourir.	Écolier.	Millionnaire.
Alléger.	Empaqueter.	Pensionnaire.
Allier.	Empoisonner.	Pigeonneau.
Apparaître.	Emprisonner.	Prédire.
Apprendre.	Enchaîner.	Puceron.
Boiserie.	Fourchette.	Ratière.
Bourgeois.	Fruitier.	Revenir.
Cabaretier.	Immatériel.	Signalement.
Chansonnette.	Irrégulier.	Suspendre.
Combattre.	Journal.	Tisonner.
Côtelette.	Lardoire.	Villageois.
Déjeûner.	Maigrelet.	Vinaigre.

(1) La chauve-souris n'est point un oiseau, mais un mammifère, c'est-à-dire un animal qui allaite ses petits.

(2) La taupe a les yeux très-petits, cet organe est très-peu développé.

VINGT-SEPTIÈME EXERCICE (*oral*).

On nomme *pincettes* un ustensile qui sert à saisir, à *pincer* les tisons ; *croquet*, une sorte de pain d'épice qui *croque* sous la dent ; *bluet*, une petite fleur des champs de couleur *bleue* ; *cerceau*, un jouet d'enfant qui a la forme d'un cercle. Ainsi certains objets ont été désignés par des noms en rapport avec la nature, l'usage, la forme, etc., de ces objets.

L'élève expliquera les mots suivants :

Biscuit.	Monseigneur.	Chauve-souris.
Bouchon.	Plafond.	Guide-âne.
Joujou.	Oiseau-mouche.	Main-chaude.
Fainéant.	Malheureux.	Mardi-gras.
Gendarme.	Malhonnête.	Passe-partout.
Vaurien.	Souterrain.	Rouge-gorge.
Bonjour.	Portefeuille.	Éclair.
Adieu.	Minuit.	Mouchettes.
Maladresse.	Contrevent.	Pâquerette.
Malentendu.	Parapluie.	Paratonnerre.

VINGT-HUITIÈME EXERCICE (*oral*).

Le *sucre* sert à *sucrer* ; le *van*, à *vanner* ; le *joujou*, à *jouer*, etc.

L'élève traduira, sur ce modèle, les noms du devoir suivant en verbes à l'infinitif.

NOTA. Le radical est commun aux deux mots, c'est-à-dire que les premières lettres du nom sont aussi celles de l'infinitif.

Le sel.	La bêche.	Le poing.
Le poivre.	La pioche.	Le pouce.
Le vinaigre.	La faux.	Le coude.

Le genou.	Le rabot.	La prison.
La main.	Le ciseau.	Le verrou.
Le bras.	Le taraud.	La croix.
Le sourcil.	Les tenailles.	Le livre.
L'ouïe.	Le tambour.	L'éponge.
La règle.	Le sabre.	L'éteignoir.
Le compas.	Le fusil.	La couleur.
La scie.	La bombe.	L'habit.
La lime.	Le canon.	L'index.
La varlope.	La chaîne.	La voix.

VINGT-NEUVIÈME EXERCICE (oral).

PARTICIPE PRÉSENT.

Dans ce devoir l'élève fera subir aux mots écrits en italique un changement de forme sur le modèle suivant :

On aime les enfants *obéissant* aux volontés de leurs parents.

A Athènes, il y avait un fou *vendant* la sagesse.

On obtient :

On aime les enfants *qui obéissent* aux volontés de leurs parents.

A Athènes, il y avait un fou *qui vendait* la sagesse.

La patrie honore les guerriers *mourant* au champ d'honneur.

Nous entendions la foudre *grondant* sur nos têtes.

On voyait les agneaux *bondissant* sur l'herbe.

Nous vîmes des agneaux *appelant* et *reconnaissant* leurs mères.

Nous verrons des pantins se *levant*, s'*agitant* et se *livrant* à mille joyeux exercices.

Combien voit-on d'hommes *vivant* au jour le jour !

Ici on voyait une eau claire *coulant* tranquillement sur un sable fin.

Mentor alla trouver Calypso *errant* dans les sombres forêts.

J'ai vu les Romains *fuyant* vers leurs vaisseaux.

Voilà des arbres *tombant* de vétusté.

Les chiens *hurlant* au milieu des ténèbres inspirent de la terreur.

Tôt ou tard on verra le paresseux *mendiant* son pain.

Nous entendions les bombes *éclatant* avec un horrible fracas.

Le cou élevé du cygne représente un navire *fendant* les ondes.

TRENTIÈME EXERCICE (*oral*).

Dans les petites phrases suivantes, l'élève transformera en noms les infinitifs écrits en italique.

Nota. Le nom et l'infinitif ont toujours une racine commune.

MODÈLE DU DEVOIR.

Mentir *est odieux*.	Pêcher, *c'est* s'amuser.

On obtient :

Le mensonge *est odieux*.	La pêche *est un* amusement.

Vendanger est agréable. *Moissonner* est pénible. *Haïr* est un péché. *Travailler*, c'est *prier*. Les enfants aiment mieux *jouer* que *travailler*. *Pardonner* vaut mieux que *se venger*. *Mourir* est aussi naturel que *vivre*. *Mourir*, c'est *passer* d'une vie à une autre vie. *Lire*, c'est *nourrir* l'âme. *Louer* est l'opposé de *blâmer*. Le devoir d'un enfant est d'*obéir* à ses parents. *Additionner*, c'est *réunir* plusieurs nombres. *Multiplier* n'est pas *diviser*. *Craindre* Dieu et *aimer* son prochain, voilà toute la loi. *Sommeiller*, c'est *oublier*. *Peindre* et *dessiner*, deux arts utiles.

Vouloir, c'est *pouvoir*. *Analyser*, c'est *décomposer*.
Espérer, c'est *jouir*. Gardez-vous de *médire*. *Réfléchir*
est toujours nécessaire. *Parler* est l'apanage de l'homme.
S'étonner est du peuple, *admirer* est du sage.

TRENTE-ET-UNIÈME EXERCICE (*oral*).

L'élève remplacera chaque tiret par un nom convenable.

MODÈLE DU DEVOIR.

— *à moudre.*   on obtient : BLÉ *à moudre.*
— *à cacheter.*   PAIN *à cacheter.*
— *à tailler.*   PLUME *à tailler.*

— à réciter.	— à ressemeler.	— à boire.
— à vendanger.	— à arpenter.	— à empailler.
— à faucher.	— à cicatriser.	— à rempailler.
— à priser.	— à tondre.	— à tiller ou teiller.
— à retaper.	— à traire.	— à creuser.

HOMONYMES.

TRENTE-DEUXIÈME EXERCICE (1).

PAUL *lisant :* Le *maire* est le premier fonctionnaire d'une
commune.

Le MAITRE. Connaissez-vous des *homonymes* au mot *maire*,
c'est-à-dire d'autres mots ayant une même prononciation,
mais une signification différente?

PAUL. Oui, monsieur. Comme, par exemple, dans ces phrases :
Un enfant doit chérir sa MÈRE. *L'eau de la* MER *est salée.*

Le MAITRE. Vous opèrerez de la même manière sur les mots
écrits en italique dans les phrases qui suivent.

---

(1) Ce devoir ne sera fait qu'*oralement.*

Le petit agneau *bêle*. *Bone* et *Bougie* sont deux villes situées en Afrique. C'est le petit oiseau qui brise lui-même la *coque* de l'œuf où il est renfermé. Il faut appeler méchant celui qui n'est *bon* que pour lui. Le malheureux proscrit *erre* loin de la terre natale. Les matelots jettent l'*ancre* pendant la tempête. Nous avons cinq *sens*. Je *souffre* quand je vois maltraiter les animaux. Julien a eu une *chaîne* d'or pour ses étrennes. Le *cygne* est le roi des oiseaux d'eau. Les bons *comptes* font les bons amis. La *faim*, dit-on, fait sortir le loup du bois. Le *pin* et le sapin sont deux arbres résineux. La *sole* est un poisson plat très-estimé. Le visage est toujours *serein* quand l'âme est en paix. La vérité *est* le soleil de l'intelligence. La *laie* montre beaucoup d'attachement pour ses marcassins. Un loup n'avait que les *os* et la *peau*. Le *renne* est le cheval des Lapons. Il ne faut pas *mettre* le loup dans la bergerie.

DES CINQ SENS.

L'homme n'est point un être isolé ; il vit au milieu d'une foule d'objets, d'une foule d'autres êtres avec lesquels il est en continuelle communication. Ce sont nos *sens* qui nous mettent en rapport avec tout ce qui nous environne. Ainsi, l'*œil*, qui est l'organe de la *vue*, nous fait distinguer la couleur et la forme des objets ; l'*oreille*, qui est l'organe de l'*ouïe*, nous fait connaître les sons ; le *nez*, organe de l'*odorat*, nous donne la connaissance des odeurs ; la *langue* et le *palais*, organes du *goût*, nous apprennent à connaître la saveur des aliments ; enfin, la *main*, principal organe du *toucher*, nous fait distinguer les formes, le poli, la dureté des objets.

Nos organes peuvent donc être considérés comme des espèces de petites lucarnes au moyen desquelles nous apercevons tout ce qui existe, tout ce qui se fait en dehors de nous.

TRENTE-TROISIÈME EXERCICE (*oral*).

Nommez les cinq sens?

Quel est l'organe ou siége de la *vue*, de l'*ouïe*, de l'*odorat*, du *goût*, du *toucher*?

Quels sont les deux sens qui sont les plus susceptibles de s'affaiblir quand nous vieillissons ?

Quel est, après le toucher, le sens le plus utile pour un musicien ?

Pensez-vous qu'un aveugle puisse être musicien?

Quel est le sens dont se servent le plus habituellement les astronomes?

Quel est le sens le plus précieux au gourmand?

Nommez un animal souterrain chez lequel le sens de la vue est très-peu développé.

Il est un animal carnassier, une sorte de chat, auquel on attribuait anciennement une vue si perçante, qu'il voyait, disait-on, à travers les murailles. Quel est-il ?

Connaissez-vous quelques animaux qui voient la nuit?

On cite par erreur un animal qui dort les yeux ouverts. Quel est-il?

Quel est l'oiseau auquel les naturalistes attribuent la faculté de fixer le soleil?

Quel est celui des cinq sens qui a le plus à souffrir chez les canonniers?

Certaine race de chiens est renommée pour la perfection d'un sens. Quel est ce sens?

J'ai vu un aveugle sourd-muet. Combien restait-il de sens à ce malheureux?

Il y a trois langages, c'est-à-dire trois manières de communiquer avec ses semblables : la *parole*, les *signes* et l'*écriture*. Quels sont ceux de ces trois différents langages dont est privé l'aveugle? — Le sourd-muet?

Un père a deux fils, dont l'un est aveugle et l'autre sourd-muet. Par son testament, il partage sa fortune en deux portions inégales, et destine la plus forte au plus infortuné de ses deux enfants. Quelle doit être la décision de l'exécuteur testamentaire? — Motivez votre avis.

Quels sont ceux des cinq sens avec lesquels on peut distinguer une rose d'un œillet?

Quel est celui de nos sens sans lequel le don de la parole ne servirait à rien?

Avec quels sens connaissons-nous les propriétés des corps, telles que le froid et la chaleur?

Quand on se brûle les doigts à la chandelle, ou que l'on se pique avec une aiguille, quel est le sens qui pâtit?

Quand un tout petit enfant étend la main pour prendre la lune, quel est celui de ses cinq sens qui le trompe?

TRENTE-QUATRIÈME EXERCICE (oral).

L'élève dira celui des cinq sens auquel se rapportent les mots écrits en italique dans chacune des phrases suivantes.

Le miel est *doux*. Le chant du rossignol est *harmonieux*. On dit : *Noir* comme du jais et non comme un geai. La rose est *odorante*. L'éponge est *molle*. On trouve le pain *bon* quand on a faim. L'égoïste ferme l'*oreille* aux plaintes de ceux qui souffrent. Le charbon est *noir* et *rude* au toucher. L'acier est *luisant*. Le marbre est *froid*. Les éclairs *brillaient*, la foudre *retentissait* au loin. L'*odeur* du fromage allécha le renard. Nous *distinguions* des voix de femmes et des voix d'hommes. De Calais on *distingue* les côtes de l'Angleterre. Une jeune guenon *cueillit* une noix dans sa coque verte. Une grenouille *vit* un bœuf qui lui sembla de belle taille. Le camphre est *blanc*; il a une *odeur* pénétrante et une *saveur* amère. Je me *heurtai* contre un palmier. Calypso *aperçut* les débris d'un navire qui venait de faire naufrage.

QUATRIÈME PARTIE.

EXERCICES DE CALCUL MENTAL.

NOTIONS PRÉLIMINAIRES.

EXERCICE ORAL.

Nommez les neuf premiers nombres.

Écrivez les neuf premiers nombres.

Nommez les cent premiers nombres.

Écrivez les cent premiers nombres.

Nommez tous les nombres pairs depuis 2 jusqu'à 20.

Nommez tous les nombres impairs depuis 1 jusqu'à 19.

Comptez depuis 5 jusqu'à 100 de la manière suivante : 5, 10, 15, 20, etc., etc.

Comptez depuis 100 jusqu'à 5 de la manière suivante : 100, 95, 90, 85, etc., etc.

Comptez depuis 10 jusqu'à 100 de la manière suivante : 10, 20, 30, etc.

Comptez depuis 100 jusqu'à 10 de la manière suivante : 100, 90, 80, etc.

Comptez par 20 jusqu'à 100.

Comptez par 25 jusqu'à 100.

8.

EXERCICE ÉCRIT.

1 sou vaut 5 centimes.			16 sous valent 80 centimes.		
2 sous valent ...			17 —————— ...		
3 —————— ...			18 —————— ...		
4 —————— ...			19 —————— ...		
5 —————— ...			20 —————— ...		
6 —————— ...			21 —————— ...		
7 —————— ...			22 —————— ...		
8 —————— ...			23 —————— ...		
9 —————— ...			24 —————— ...		
10 —————— ...			25 —————— ...		
11 —————— ...			26 —————— ...		
12 —————— ...			27 —————— ...		
13 —————— ...			28 —————— ...		
14 —————— ...			29 —————— ...		
15 —————— ...			30 —————— ...		

RÉCAPITULATION.

3 sous valent ...			16 sous valent ...		
8 —————— ...			18 —————— ...		
2 —————— ...			12 —————— ...		
11 —————— ...			27 —————— ...		
6 —————— ...			30 —————— ...		
15 —————— ...			1 —————— ...		
23 —————— ...			29 —————— ...		
19 —————— ...			13 —————— ...		
5 —————— ...			28 —————— ...		
7 —————— ...			10 —————— ...		
20 —————— ...			26 —————— ...		
25 —————— ...			14 —————— ...		
4 —————— ...			21 —————— ...		
22 —————— ...			17 —————— ...		
9 —————— ...			24 —————— ...		

OPÉRATIONS FONDAMENTALES DE L'ARITHMÉTIQUE.

LE MAITRE. Quelles sont les opérations fondamentales de l'Arithmétique ?

PAUL. Les quatre opérations fondamentales de l'Arithmétique, sont : l'addition, la soustraction, la multiplication et la division.

LE MAITRE. Donnez un exemple d'une addition, d'une soustraction, d'une multiplication et d'une division.

JULIEN. J'ai eu 9 bons points avant-hier, 5 hier, 10 aujourd'hui ; combien ai-je eu de bons points pendant ces trois jours ? Voilà un problème d'addition.

Henri avait 15 cerises, il en a mangé 9 ; combien lui en reste-t-il ? Voilà un problème de soustraction.

Un courrier fait 3 lieues par heure ; combien fera-t-il de lieues en 12 heures ? Voilà un problème de multiplication.

Le maître partage 40 amandes entre 8 élèves; combien chaque élève aura-t-il d'amandes ? Voilà un problème de division.

DE L'ADDITION.

Additionner signifie *réunir*. Quand on réunit ensemble plusieurs nombres, on les additionne. Si je dis : **3** et **2** et **5** font **10**, je fais une *addition*. **3**, **2**, **5** sont les nombres à additionner; **10** est le résultat de l'addition. Ce résultat se nomme *somme* ou *total*.

TABLE DE L'ADDITION.

1	et	**2**	font	**3**	**1**	et	**5**	font	**6**	**1**	et	**8**	font	**9**
3		**2**		...	**3**		**5**		...	**3**		**8**		...
5		**2**		...	**5**		**5**		...	**5**		**8**		...
7		**2**		...	**7**		**5**		...	**7**		**8**		...
9		**2**		...	**9**		**5**		...	**9**		**8**		...
2		**2**		...	**2**		**5**		...	**2**		**8**		...
4		**2**		...	**4**		**5**		...	**4**		**8**		...
6		**2**		...	**6**		**5**		...	**6**		**8**		...
8		**2**		...	**8**		**5**		...	**8**		**8**		...
10		**2**		...	**10**		**5**		...	**10**		**8**		...
1	et	**3**	font	**4**	**1**	et	**6**	font	**7**	**1**	et	**9**	font	**10**
3		**3**		...	**3**		**6**		...	**3**		**9**		...
5		**3**		...	**5**		**6**		...	**5**		**9**		...
7		**3**		...	**7**		**6**		...	**7**		**9**		...
9		**3**		...	**9**		**6**		...	**9**		**9**		...
2		**3**		...	**2**		**6**		...	**2**		**9**		...
4		**3**		...	**4**		**6**		...	**4**		**9**		...
6		**3**		...	**6**		**6**		...	**6**		**9**		...
8		**3**		...	**8**		**6**		...	**8**		**9**		...
10		**3**		...	**10**		**6**		...	**10**		**9**		...
1	et	**4**	font	**5**	**1**	et	**7**	font	**8**	**1**	et	**10**	font	**11**
3		**4**		...	**3**		**7**		...	**3**		**10**		...
5		**4**		...	**5**		**7**		...	**5**		**10**		...
7		**4**		...	**7**		**7**		...	**7**		**10**		...
9		**4**		...	**9**		**7**		...	**9**		**10**		...
2		**4**		...	**2**		**7**		...	**2**		**10**		...
4		**4**		...	**4**		**7**		...	**4**		**10**		...
6		**4**		...	**6**		**7**		...	**6**		**10**		...
8		**4**		...	**8**		**7**		...	**8**		**10**		...
10		**4**		...	**10**		**7**		...	**10**		**10**		...

EXERCICES DE CALCUL MENTAL SUR L'ADDITION.

1. Paul a fait des emplettes chez le libraire pour 8 sous, chez le papetier pour 6 sous, et chez le confiseur pour 5 sous. Combien a-t-il dépensé en tout?

2. J'ai trois pommiers dans mon jardin. Le premier a rapporté 11 pommes, le deuxième 9 pommes, et le troisième autant que les deux autres. Quelle a été la totalité de la récolte?

3. Paul a passé lundi 2 heures à son dessin, mardi 3 heures, mercredi 5 heures, et il n'a pu l'achever que jeudi après une séance de 7 heures. Combien ce travail lui a-t-il demandé d'heures?

4. Chaque mois on achette pour la nourriture d'un chardonneret 5 sous de mouron, 2 sous de biscuit, et 4 sous de millet. Combien cet oiseau coûte-t-il à nourrir pendant un mois?

5. Combien pendant trois mois?

6. Les deux écoles communales d'un pays comptent, l'une 80 garçons, l'autre 50 filles. Combien y a-t-il dans cette commune d'enfants qui reçoivent les bienfaits de l'instruction primaire?

7. Dites deux nombres dont la somme soit 8.

8. Nommez tous les nombres qui, additionnés deux à deux, font 8. (*Il y a quatre combinaisons.*)

9. Nommez deux nombres impairs qui fassent 12.

10. Nommez deux nombres pairs inégaux qui fassent 12.

11. Nommez deux nombres dont la somme soit 15.

12. Nommez trois nombres égaux dont la somme soit 15.

13. Nommez trois nombres impairs dont la somme soit 11.

14. Ajoutez à 3 deux nombres impairs, et que la somme soit 15.

15. Ajoutez à 3 deux nombres égaux, et que la somme soit 15.

16. Ajoutez à 3 deux nombres pairs inégaux, et que la somme soit 15.

17. Dans notre histoire, la première race compte 22 rois, la deuxième 13 rois, et la troisième autant que les deux premières. Combien la France a-t-elle eu de rois?

18. La première race comprend 22 rois, la deuxième race 13 rois, la troisième race 35 rois. A quelle race appartient le trente-quatrième roi? Le cinquantième?

19. Adam mourut à 930 ans, et Noé à 950 ans. Combien ont vécu d'années ces deux patriarches?

20. Paul, Julien et Henri se partagent un sac de noisettes : Julien en prend 13, Henri 7, et Paul à lui seul autant que ses deux camarades ensemble. Combien y avait-il de noisettes dans le sac?

21. Paul gagne 5 sous en revendant un livre qui lui en a coûté 7. Combien le vend-il?

22. Il y a 5 ans Paul avait 12 ans. Quel âge a-t-il maintenant?

23. Julien, qui a 7 ans, se mariera dans 15 ans. A quel âge se mariera Julien?

24. Il s'est écoulé 4004 ans depuis l'origine du monde jusqu'à Jésus-Christ, et 1853 ans depuis Jésus-Christ jusqu'à nos jours. Quel est l'âge actuel du monde?

25. Il faut 9 heures à un voyageur pour se rendre à sa destination. Il part à 8 heures du matin. A quelle heure arrivera-t-il?

26. Paul se lève à 6 heures du matin. Voici l'emploi de son temps : 7 heures de travail, 1 heure 1/2 de repas, 3 heures de récréation, et 2 heures 1/2 de promenade. A quelle heure se couche Paul?

27. Paul et Julien jouent aux quilles. D'un premier coup, Paul abat 5 quilles; d'un second, 3, et d'un troisième, 7; Julien abat d'abord 7 quilles, puis 2, puis 6. Qui des deux a gagné ?

28. Combien une horloge qui sonne les demies sonne-t-elle de fois de 6 heures à midi ?

29. Combien le marteau de la même horloge frappe-t-il de coups depuis 6 heures jusqu'à midi, ces deux heures y comprises ?

30. Une montre qui marque 9 heures 10 minutes, retarde de 20 minutes. Quelle heure est-il ?

31. Quelle heure sera-t-il quand cette même montre marquera midi moins 20 minutes ?

32. Un nombre est tel qu'après en avoir retranché 3, il reste 5. Quel est ce nombre ?

33. Quelle est la profondeur d'un puits qui a 29 mètres d'eau et 51 mètres de la surface de l'eau à la margelle ?

34. Une comète, qui a paru en 1849, exécute sa révolution en 9 années. Quelles sont les époques auxquelles elle reparaîtra pendant la dernière moitié du dix-neuvième siècle (1).

---

(1) Il est très-facile d'ajouter 9 à un nombre quelconque ; il suffit de prendre la dizaine immédiatement supérieure, diminuée d'une unité. Ainsi, 18 plus 9 font 28 moins 1, ou 27. 27 plus 9 font 37 moins 1, ou 36. 36 plus 9 font 46 moins 1, ou 45, etc.

DE LA SOUSTRACTION.

Soustraire signifie *retrancher*. Quand on retranche un nombre d'un autre, on le soustrait. Si l'on dit : 2 ôtés de 5 reste 3, on fait une *soustraction*. 3 est le résultat de la soustraction. Ce résultat s'appelle *reste* ou *différence*.

TABLE DE LA SOUSTRACTION.

2 ôtés de	3	reste	1	5 ôtés de	5	reste	0	8 ôtés de	9	reste	1
2	5			5	7			8	11		
2	7			5	9			8	13		
2	9			5	11			8	15		
2	11			5	13			8	17		
2	2			5	6			8	8		
2	4			5	8			8	10		
2	6			5	10			8	12		
2	8			5	12			8	14		
2	10			5	14			8	16		
3 ôtés de	3	reste	0	6 ôtés de	7	reste	1	9 ôtés de	9	reste	0
3	5			6	9			9	11		
3	7			6	11			9	13		
3	9			6	13			9	15		
3	11			6	15			9	17		
3	4			6	6			9	10		
3	6			6	8			9	12		
3	8			6	10			9	14		
3	10			6	12			9	16		
3	12			6	14			9	18		
4 ôtés de	5	reste	1	7 ôtés de	7	reste	0	10 ôtés de	11	reste	1
4	7			7	9			10	13		
4	9			7	11			10	15		
4	11			7	13			10	17		
4	13			7	15			10	19		
4	4			7	8			10	10		
4	6			7	10			10	12		
4	8			7	12			10	14		
4	10			7	14			10	16		
4	12			7	16			10	18		

EXERCICES DE CALCUL MENTAL SUR LA SOUSTRACTION.

1. J'avais 18 cerises, j'en ai mangé 12. Combien m'en reste-t-il ?

2. 10 oiseaux sont perchés sur un arbre, 3 s'envolent. Combien en reste-t-il sur l'arbre ?

3. Il me manque 5 sous pour avoir 13 sous. Combien ai-je ?

4. Paul achette pour 3 sous de marrons ; il donne une pièce de 10 sous. Combien doit-on lui rendre ?

5. Deux personnes ont 25 francs à partager ; l'une prend 15 francs. Combien revient-il à l'autre ?

6. Quel est le nombre qui, ajouté à 3, fait 8 ?

7. Combien faut-il ajouter à 5 pour avoir 17 ?

8. Combien faut-il retrancher de 18 pour avoir 9 ? Pour avoir 14 ?

9. L'Amérique a été découverte par Christophe Colomb en 1492. Combien y a-t-il d'années que ce grand événement s'est accompli ?

10. Paul dort 10 heures par jour. Combien de temps reste-t-il éveillé ? (Le jour est de 24 heures.)

11. Henri reste au lit 13 heures. Combien de temps demeure-t-il levé ?

12. Clovis est monté sur le trône en 481 ; il est mort en 511. Combien d'années a-t-il régné ?

13. On paye avec 1 franc un pain de 2 kilogrammes, taxé 12 sous 3 centimes. Que doit rendre le boulanger ?

14. Paul gagne 3 sous sur une boîte de plumes, qu'il cède pour 16 sous. Combien lui avait-elle coûté ?

15. Un puits a 75 mètres de profondeur ; il y a 30 mètres de la margelle à la surface de l'eau. Quelle est la profondeur de l'eau ?

16. Un puits a 168 mètres de profondeur ; il y a 18 mètres d'eau. Quelle est la distance de la margelle à la surface de l'eau ?

17. Notre histoire compte 70 rois, distribués en trois races : la première race a 22 rois, la deuxième 13 rois. Combien en compte la troisième race ?

18. Julien a 22 amandes ; il en donne 3 et en mange 9. Combien lui en reste t-il ?

19. Un berger, interrogé sur le nombre de ses moutons, répond : Si j'en avais 11 de plus, j'en aurais 33. Combien en ai-je ?

20. Pendant un hiver rigoureux, la Cigale emprunte 13 grains de blé à la Fourmi ; l'été venu, elle rend 8 grains, et l'hiver suivant elle emprunte de nouveau 15 grains. Combien la Cigale doit-elle de grains à la Fourmi ?

21. Dans 19 ans, Henri aura 32 ans. Quel est son âge ?

22. Paul a 18 ans, sa mère en a 50. Quel âge avait-elle quand elle le mit au monde ?

23. Le père et le fils ont ensemble 52 ans, le fils a 12 ans. Quel est l'âge du père ?

24. Paul a 8 ans, son père en a 37. Quel sera l'âge de Paul quand le père aura 44 ans ?

25. Nommez deux nombres pairs dont la différence soit 6 ?

26. Idem. 2 nombres impairs ?

27. Trois nombres font ensemble 15. Le premier est 4, le deuxième est 5. Quel est le troisième ?

28. Il manque 30 centimes à Julien pour acheter un ballon de 1 fr. 15. Combien a-t-il ?

29. Henri voudrait faire emplette d'un livre de 3 francs ; il n'a que 1 fr. 20. Combien lui manque-t-il ?

30. Un flacon pèse, plein d'eau, 360 grammes ; le flacon, vide, pèse 110 grammes. Quel est le poids de l'eau ?

31. Une mère partage 32 dragées entre ses trois fils : elle en donne la moitié à l'aîné, 7 de moins au cadet, et le reste au plus jeune. Quelle est la part de chacun ?

32. Paul va en classe à 8 heures, il en revient à 5 ; combien a-t-il eu d'heures de récréation, sachant que la classe du matin a duré 4 heures et celle du soir 3 heures ?

33. L'école commence à 8 heures 1/2 du matin. Paul arrive à 9 heures 25 minutes. De combien de minutes est-il en retard ?

34. La leçon de dessin commence à 9 heures 35 minutes ; Paul est en retard de 25 minutes. A quelle heure prend-il sa leçon ?

35. Paul ne participe que 50 minutes à une leçon qui dure 1 heure 1/4. De combien de minutes était-il en retard ?

DE LA MULTIPLICATION.

Multiplier signifie *répéter*. Quand on répète une quantité un certain nombre de fois, on la multiplie. Si je dis : 3 multipliés par 4, c'est-à-dire répétés 4 fois, donnent 12, je fais une *multiplication*. Le résultat 12 s'appelle *produit* de la multiplication.

TABLE DE LA MULTIPLICATION.

2	fois	0	font	0	5	fois	0	font	0	8	fois	0	font	0
2		1		2	5		1		5	8		1		8
2		2		4	5		2		10	8		2		16
2		3		6	5		3		15	8		3		24
2		4		8	5		4		20	8		4		32
2		5		10	5		5		25	8		5		40
2		6		12	5		6		30	8		6		48
2		7		14	5		7		35	8		7		56
2		8		16	5		8		40	8		8		64
2		9		18	5		9		45	8		9		72
2		10		20	5		10		50	8		10		80
3	fois	0	font	0	6	fois	0	font	0	9	fois	0	font	0
3		1		3	6		1		6	9		1		9
3		2		6	6		2		12	9		2		18
3		3		9	6		3		18	9		3		27
3		4		12	6		4		24	9		4		36
3		5		15	6		5		30	9		5		45
3		6		18	6		6		36	9		6		54
3		7		21	6		7		42	9		7		63
3		8		24	6		8		48	9		8		72
3		9		27	6		9		54	9		9		81
3		10		30	6		10		60	9		10		90
4	fois	0	font	0	7	fois	0	font	0	10	fois	0	font	0
4		1		4	7		1		7	10		1		10
4		2		8	7		2		14	10		2		20
4		3		12	7		3		21	10		3		30
4		4		16	7		4		28	10		4		40
4		5		20	7		5		35	10		5		50
4		6		24	7		6		42	10		6		60
4		7		28	7		7		49	10		7		70
4		8		32	7		8		56	10		8		80
4		9		36	7		9		63	10		9		90
4		10		40	7		10		70	10		10		100

Il est indispensable que les élèves sachent par cœur et récitent imperturbablement cette Table de Multiplication. Pour en faciliter l'étude, on a imaginé une foule de moyens pratiques qui sont pour la plupart beaucoup plus difficiles à retenir que la chose, c'est-à-dire que la table elle-même. Ces petites recettes, dans lesquelles la forme l'emporte presque toujours sur le fond, coûtent plus qu'elles ne rapportent. Toutefois, comme il se trouve le plus souvent quelques bons grains mêlés parmi l'ivraie, nous avons cherché avec soin, et voici ce que nous avons pu glaner:

Si vous voulez multiplier un nombre par 5 (ou réduire des sous en centimes, ce qui est la même chose), prenez la moitié du nombre et ajoutez un zéro. Exemple : $6 \times 5 = 30$; $18 \times 5 = 90$ (1). Si c'est un nombre impair, prenez la moitié du nombre pair immédiatement inférieur et ajoutez un 5. Exemple : $9 \times 5 = 45$; $15 \times 5 = 75$.

Si vous voulez multiplier un nombre par 10, ajoutez un zéro à la droite de ce nombre ; si vous voulez multiplier par 100, ajoutez deux zéros ; par 1000, ajoutez trois zéros. Exemple : $7 \times 10 = 70$; $24 \times 100 = 2400$; $39 \times 1000 = 39000$.

En général, si vous avez à multiplier deux nombres dont l'un est terminé par des zéros, supprimez les zéros et ajoutez-les au produit. Suivez la même marche s'il y a des zéros aux deux nombres. Exemple : $3 \times 700 = 21..00$ (2100); $50 \times 9000 = 45..0000$ (450000).

Pour multiplier un nombre par 9, il faut prendre pour premier chiffre du produit le nombre qui est immédiatement au-dessous de celui qu'on multiplie par 9, et pour second chiffre celui qu'il serait nécessaire d'ajouter au premier pour faire 9. Soit 4 à multiplier par 9 ; on a pour premier chiffre

---

(1) En Arithmétique, le signe $\times$ signifie *multiplié par*, et le signe $=$ signifie *égale*. Ainsi la formule $6 \times 7 = 42$, se prononce 6 multiplié par 7 égale 42.

du produit 4 moins 1, c'est-à-dire 3, et pour second chiffre ce qu'il faut ajouter à 3 pour avoir 9, c'est-à-dire 6 (36). En procédant ainsi, on voit que $6 \times 9 = 54$; $8 \times 9 = 72$; $9 \times 9 = 81$.

$8 \times 100 = 800$; $8 \times 50 = 400$, ou la moitié de 800; $8 \times 25 = 200$, ou la moitié de 400, ou le quart de 800. Donc, pour multiplier un nombre par 50 prenez la moitié de ce nombre, et cette moitié représentera des centaines; pour multiplier un nombre par 25, prenez le quart de ce nombre, et ce quart représentera des centaines. Ex. : $16 \times 50 = 800$ (1); $24 \times 25 = 600$ (2).

Ces recettes vont nous procurer un moyen facile d'abréger les opérations. Nous savons multiplier par 10, par 20, par 25, par 50, par 100. Quand nous aurons un nombre à multiplier par un autre nombre composé de dizaines et d'unités, nous décomposerons ce dernier, c'est-à-dire que nous multiplierons d'abord par les dizaines, ensuite par les unités, puis nous additionnerons les deux produits. Exemple : 3 à multiplier par 14, Je dis $3 \times 10 = 30$; il reste à ajouter 3×4, ou 12. On obtient 42.

APPLICATION.

$6 \times 15 = 6 \times 10 = 60$; ajoutant 6×5, ou 30, on a 90.

$9 \times 23 = 9 \times 20 = 180$; ajoutant 9×3, ou 27, on a 207.

$12 \times 28 = 12 \times 25 = 300$; ajoutant 12×3, ou 36, on a 336.

$8 \times 54 = 8 \times 50 = 400$; ajoutant 8×4, ou 32, on a 432.

$7 \times 106 = 7 \times 100 = 700$; ajoutant 7×6, ou 42, on a 742.

$32 \times 27 = 32 \times 25 = 800$; ajoutant 32×2, ou 64, on a 864.

---

(1) La moitié de 16 est 8.
(2) Le quart de 24 est 6.

EXERCICES.

10 ×	5 =	9 ×	400 =	3 ×	22 =
14 ×	5 =	12 ×	300 =	3 ×	35 =
17 ×	5 =	50 ×	60 =	7 ×	53 =
40 ×	5 =	700 ×	8000 =	4 ×	17 =
43 ×	5 =	3 ×	9 =	5 ×	15 =
6 ×	10 =	5 ×	9 =	9 ×	13 =
13 ×	10 =	7 ×	9 =	7 ×	70 =
18 ×	10 =	8 ×	9 =	8 ×	80 =
27 ×	10 =	10 ×	9 =	50 ×	90 =
93 ×	10 =	4 ×	25 =	16 ×	43 =
9 ×	100 =	12 ×	25 =	3 ×	96 =
15 ×	100 =	16 ×	25 =	15 ×	40 =
72 ×	100 =	24 ×	25 =	15 ×	42 =
5 ×	1000 =	36 ×	25 =	24 ×	51 =
34 ×	1000 =	28 ×	27 =	32 ×	16 =
4 ×	30 =	4 ×	13 =	48 ×	26 =
7 ×	70 =	6 ×	12 =		

Nota. Il ne faut pas attribuer à ces moyens pratiques plus d'importance qu'ils n'en comportent. Les élèves cessent d'en faire usage, en partie du moins, dès qu'ils en sont à l'écriture des opérations. Cependant ces exercices stimulent la mémoire, fortifient le raisonnement, et méritent à ce double titre d'occuper une place dans l'étude du calcul mental.

EXERCICES DE CALCUL MENTAL SUR LA MULTIPLICATION.

1. Une douzaine d'œufs coûte 8 sous. Quel est le prix de 5 douzaines?

2. J'ai dans ma bourse 9 pièces de 5 francs. Combien ai-je (1)?

3. Un piéton parcourt 25 kilomètres par jour. Combien parcourt-il en 16 jours (2)?

---

(1) Rappelez-vous notre moyen mécanique pour multiplier un nombre par 9.

(2) Prenez le quart de 16.

4. Combien y a-t-il de jambes dans un troupeau de 101 moutons ? Combien d'yeux ?

5. Une horloge retarde de 3 minutes par heure. De combien retarde-t-elle en 10 heures ?

6. Un ouvrier gagne 8 francs par jour. Combien gagne-t-il en 25 jours ?

7. Un franc pèse 5 grammes. Combien pèsent 20 francs ?

8. Un enfant n'a vécu que 3 jours. Combien d'heures a-t-il vécu (1) ?

9. Un instituteur donne 8 images à chacun de ses 52 élèves. Quel est le nombre d'images distribué (2) ?

10. Le son parcourt 340 mètres par seconde. Combien parcourt-il de mètres en 50 secondes ?

11. On compte chez l'homme environ 60 pulsations par minute. Combien en un quart d'heure ? Combien en une demi-heure ? Combien en une heure ?

12. Une feuillette contient environ 130 litres. Combien contiennent 5 feuillettes ?

13. Un courrier fait 8 kilomètres par heure. Combien fera-t-il en 26 heures ?

14. J'ai dans ma bourse 7 pièces de 5 francs et 3 francs de petite monnaie. Combien ai-je ?

15. J'ai dans ma bourse 11 pièces de 2 francs ; je paye 3 francs. Combien me reste-t-il ?

16. J'ai perdu ma bourse renfermant 9 pièces de 5 francs, 2 pièces de 2 francs et une de 1 franc. Combien ai-je perdu ?

17. Un arbre a 2 troncs ; chaque tronc a 5 branches ; chaque branche porte 6 fruits. Combien y a-t-il de fruits sur l'arbre ?

18. Ruth glana 4 gerbes dans le champ de Booz ; chaque

---

(1) Multipliez par 20, ensuite par 4, puis additionnez.

(2) Multipliez par 50, puis par 2, etc., etc.

gerbe contenait 60 épis, et chaque épi 20 grains. Combien Ruth eut-elle de grains?

19. Un mètre de ruban coûte 5 sous. Combien coûteront 3 rouleaux de ruban de 4 mètres chacun?

20. Une grosse vaut 12 douzaines. Combien y a-t-il de plumes dans une grosse?

21. Une rame de papier contient 20 mains; une main contient 25 feuilles. Combien y a-t-il de feuilles dans une rame?

22. Combien 10 rames contiennent-elles de feuilles?

23. Une bibliothèque se compose de 7 rayons. Il y a dans un de ces rayons 30 livres, et 105 dans chacun des 6 autres. On demande combien cette bibliothèque renferme de volumes?

24. Un rosier, qui a 1 mètre 25 centimètres de hauteur, pousse tous les ans de 25 centimètres. Quelle sera sa hauteur totale au bout de 5 ans?

25. Paul doit faire 309 mètres pour se rendre de chez lui à l'école. Combien parcourt-il de mètres par jour, sachant qu'il y a classe matin et soir?

26. Une chaise de poste, traînée par 3 chevaux, et contenant 9 personnes, doit passer sur un pont payant. Combien est-il dû au péager, sachant qu'une voiture paye 5 sous, un cheval 2 sous et une personne un sou?

27. Une vigne dont l'entretien annuel coûte 50 francs, produit 10 feuillettes de vin, que le propriétaire vend à raison de 20 francs la feuillette. Quel est le revenu net de cette vigne?

28. Quel serait le revenu si la vigne ne produisait que 2 feuillettes de vin?

29. Paul écrit 3 lignes par minute, Julien 2, et Henri une. Combien ont-ils fait de lignes, en somme, au bout de 15 minutes?

30. Deux courriers partent du même point et vont dans la même direction. L'un fait 3 lieues à l'heure, et l'autre 5 lieues. Combien chacun aura-t-il fait de lieues après 8 heures de marche, et à quelle distance seront-ils l'un de l'autre?

6

DE LA DIVISION.

Diviser signifie *partager*. Quand on partage un nombre en plusieurs parties égales, on divise ce nombre. Le nombre 15, partagé en 3 parties égales, donne pour résultat 5 : voilà une *division*. Le résultat 5 s'appelle *quotient*.

TABLE DE LA DIVISION.

2 contient	2	1 fois	5 contient	5	1 fois	8 contient	8	1 fois
6	2	..	15	5	..	24	8	..
10	2	..	25	5	..	40	8	..
14	2	..	35	5	..	56	8	..
18	2	..	45	5	..	72	8	..
4	2	..	10	5	..	16	8	..
8	2	..	20	5	..	32	8	..
12	2	..	30	5	..	48	8	..
16	2	..	40	5	..	64	8	..
20	2	..	50	5	..	80	8	..

3 contient	3	1 fois	6 contient	6	1 fois	9 contient	9	1 fois
9	3	..	18	6	..	27	9	..
15	3	..	30	6	..	45	9	..
21	3	..	42	6	..	63	9	..
27	3	..	54	6	..	81	9	..
6	3	..	12	6	..	18	9	..
12	3	..	24	6	..	36	9	..
18	3	..	36	6	..	54	9	..
24	3	..	48	6	..	72	9	..
30	3	..	60	6	..	90	9	..

4 contient	4	1 fois	7 contient	7	1 fois	10 contient	10	1 fois
12	4	..	21	7	..	30	10	..
20	4	..	35	7	..	50	10	..
28	4	..	49	7	..	70	10	..
36	4	..	63	7	..	90	10	..
8	4	..	14	7	..	20	10	..
16	4	..	28	7	..	40	10	..
24	4	..	42	7	..	60	10	..
32	4	..	56	7	..	80	10	..
40	4	..	70	7	..	100	10	..

Il peut arriver qu'une quantité ne soit pas contenue un nombre exact de fois dans une autre quantité. Ainsi 7 contient 3 *deux* fois et il *reste* 1 ; 22 contient 5 *quatre* fois et il *reste* 2, etc.

Nous allons donner un exercice sur ce cas.

5	contient 3	1 fois,	reste 2	11	contient 2	5 fois,	reste 1
6	4 ...	...		11	3 ...	...	
7	3 ...	...		11	4 ...	...	
8	3 ...	...		11	6 ...	...	
9	4 ...	...		17	2 ...	...	
10	4 ...	...		17	3 ...	...	
9	5 ...	...		17	4 ...	...	
12	7 ...	...		17	5 ...	...	
15	4 ...	...		17	6 ...	...	
20	6 ...	...		17	7 ...	...	
24	5 ...	...		17	8 ...	...	
30	7 ...	...		17	9 ...	...	
34	8 ...	...		25	9 ...	...	
40	9 ...	...		25	8 ...	...	
42	10 ...	...		25	7 ...	...	
50	8 ...	...		25	6 ...	...	
62	9 ...	...		25	4 ...	...	
78	9 ...	...		25	3 ...	...	

EXERCICES DE CALCUL MENTAL SUR LA DIVISION.

1. Combien 5 est-il contenu de fois dans 40 ?

2. Combien 6 est-il contenu de fois dans 30 ? Dans 36 ?

3. 6 n'est contenu dans 34 ni 5 fois ni 6 fois exactement, mais entre 5 et 6 fois. Le vrai résultat est-il plus près de 6 que de 5, ou plus près de 5 que de 6 ?

4. Un enfant achette 7 billes d'agate pour 21 sous. Combien coûte chaque bille ?

5. Paul fait une ligne d'écriture gothique en 5 minutes. Combien fera-t-il de lignes en une heure ?

6. 8 chasseurs se partagent 64 perdrix qu'ils ont tuées. Combien revient-il de perdrix à chacun ?

7. 3 fourmis traînent une bûchette pesant 33 centigrammes. Quel est le poids supporté par chaque fourmi ?

8. Une lampe brûle pour 12 sous d'huile en 3 heures. Combien brûle-t-elle par heure ?

9. Paul écrit 45 lignes en un quart d'heure. Combien fait-il de lignes par minute ?

10. Une grosse de plumes coûte 36 sous. Que coûte la douzaine ? (La grosse vaut 12 douzaines.)

11. La semaine a 7 jours. Combien y a-t-il de semaines dans le mois de février ? — Dans le mois de janvier ?

12. Paul a reçu de sa mère 12 dragées, qu'il partage avec 2 camarades. Combien chacun en a-t-il ?

13. Une livre de bougie coûte 1 fr. 20 cent. Combien coûte chaque bougie, sachant qu'il y en a 6 dans une livre ?

14. Je pense un nombre, je le double et j'obtiens 14. Quel est ce nombre ?

15. Je pense un nombre, je le double et j'obtiens 15. Quel est ce nombre ?

16. Je pense un nombre, je le double, j'ajoute 6 et j'obtiens 38. Quel est ce nombre ?

17. Un enfant qui a 5 francs, les distribue à plusieurs pauvres à chacun desquels il donne 10 sous. A combien de pauvres a-t-il fait l'aumône ?

18. Une feuillette de vin, de 130 litres, coûte 65 francs. Quel est le prix du litre ?

19. Un enfant a 9 plumes, et son camarade 5. Ils mêlent ensemble et partagent. Combien revient-il de plumes à chacun ?

20. Paul a 18 billes, Julien 12, et Henri 15. Ils mêlent ensemble et partagent. Qui des trois gagne à cela ? Qui y perd ?

21. A. possède 25 billes, B. en possède 7, C. 8, D. 35, E. 25. Ils mêlent ensemble et partagent. A combien s'élève le lot de chacun?

22. Paul, Julien et Henri vont au bois. Paul cueille 110 noisettes, Julien 80, et Henri 50 ; ils partagent ensemble comme de bons amis. Combien revient-il de noisettes à chacun?

23. La livre vaut 500 grammes ; un franc pèse 5 grammes. Combien faut-il de pièces de 20 sous pour peser une livre? — Combien de pièces de 5 francs?

24. Combien de livres pèse un sac de 1,000 francs ?

25. Combien donnera-t-on de pièces de 2 francs en échange de 6 pièces de 5 francs?

26. Combien donnera-t-on de pièces de 20 centimes en échange de 5 francs?

27. Combien donnera-t-on de pièces de 20 centimes en échange de 4 pièces de 50 centimes?

28. On échange de l'huile à 2 francs le litre contre du vinaigre à 40 centimes le litre. Combien aura-t-on de litres de vinaigre contre 2 litres d'huile ?

29. Combien aura-t-on de pommes à 2 centimes contre 4 poires à 2 sous la pièce?

30. Paul achette 30 plumes de fer à raison de 5 pour 1 sou ; il les revend à raison de 3 pour 1 sou. Quel gain réalise-t-il ?

DES FRACTIONS.

Coupez une pomme en deux parties égales, chaque morceau représentera la moitié de la pomme.

Coupez une pomme en trois parties égales, chaque morceau représentera le tiers de la pomme.

Coupez une pomme en quatre, cinq, six, etc. parties égales, chaque morceau représentera le quart, le cinquième, le sixième, etc. de la pomme.

6.

EXERCICES.

La moitié de 4 est..., de 8 est..., de 12 est..., de 18 est..., de 24 est..., de 30 est..., de 32 est..., de 40 est..., de 50 est..., de 60 est..., de 64 est..., de 70 est..., de 80 est..., de 90 est..., de 100 est....

Le tiers de 3 est..., de 6 est..., de 12 est..., de 15 est..., de 21 est..., de 30 est..., de 36 est..., de 60 est..., de 300 est..., de 600 est....

Le quart de 4 est..., de 12 est..., de 8 est..., de 16 est..., de 24 est..., de 20 est..., de 40 est..., de 60 est..., de 80 est..., de 100 est..., de 800 est..., de 400 est....

Indiquez la moitié, le tiers, le quart, le sixième de 12.

Indiquez la moitié, le tiers, le quart, le cinquième, le sixième de 60.

Indiquez la moitié, le quart, le cinquième, le dixième, le vingtième de 100.

———

Deux morceaux d'une pomme coupée en trois parties égales sont les deux tiers de cette pomme.

Deux morceaux d'une pomme coupée en quatre parties égales sont les deux quarts, c'est-à-dire la moitié de cette pomme.

Deux morceaux d'une pomme coupée en cinq parties égales sont les deux cinquièmes de cette pomme.

Trois morceaux d'une pomme coupée en huit parties égales sont les trois huitièmes de cette pomme.

Cinq morceaux d'une pomme coupée en dix parties égales, sont les cinq dixièmes ou la moitié de cette pomme.

———

EXERCICES.

Quels sont les deux tiers de 3, de 6, de 9, de 15, de 18, de 12, de 24, de 30, de 60, de 75, de 300 ?

Quels sont les trois quarts de 8, de 12, de 20, de 32, de 40, de 60, de 80, de 100, de 200, de 400 ?

Ajoutez ensemble la moitié de 8, le tiers de 12 et le quart de 20.

EXERCICES DE CALCUL MENTAL SUR LES FRACTIONS.

1. Combien peut-on faire de moitiés de pommes avec 5 pommes.

2. Idem de tiers de pommes avec 6 pommes ?

3. Idem de quarts de pommes avec 7 pommes ?

4. Idem de cinquièmes de pommes avec 8 pommes ?

5. Quelle est la plus grande des deux fractions 1/3, 1/4 ?

6. Idem 1/2, 2/3 ?

7. Combien 2 unités, 1/2 et 1/4 font-ils de quarts ?

8. Combien peut-on faire de quarts de pommes avec 10 pommes 1/2 ?

9. Combien y a-t-il de quarts d'heure dans 4 heures 1/2 ?

10. Additionnez 5 1/2 et 7 1/2.

11. On enlève 6 mètres 1/2 d'une pièce de toile qui a 30 mètres. Combien en reste-t-il ?

12. Paul doit faire un certain travail ; il en fait le tiers en 5 heures. Combien emploiera-t-il d'heures à faire le tout ?

13. Le mètre vaut 100 centimètres. Dites combien valent le demi-mètre, le quart de mètre, les trois quarts de mètre.

14. Sur 24 heures, mon frère dort 9 heures 1/2. Combien d'heures reste-t-il éveillé ?

15. Julien perd 9 billes, c'est-à-dire le tiers de ce qu'il avait. Combien lui reste-t-il ?

16. 9 francs représentent les 2/3 de ma fortune. Combien ai-je ?

17. Paul, Julien et Henri mangent en commun 4 crêpes. Quelle est la part de chacun ?

18. Henri reste inattentif pendant les 3/4 d'une leçon qui dure 60 minutes. Combien de minutes profite-t-il de la leçon ?

19. Les 3/4 d'un bâton sont plongés dans l'eau et il reste 20 centimètres hors de l'eau. Quelle est la longueur totale du bâton ?

20. Paul, Julien et Henri se partagent un sac de dragées ; Paul en prend la moitié, Julien 7, et Henri 3. Combien y avait-il de dragées dans le sac ?

21. Dans un second sac, Paul prend le tiers, Julien 10, et Henri 16. Combien y avait-il de dragées ?

22. D'un troisième sac, Paul prend le quart des dragées, Julien 7, Henri 2. Combien y en avait-il ?

23. Dans un dernier sac, Paul s'empare des 2/3, Julien en prend 13 et Henri le reste, qui est de 7. Combien dans ce dernier ?

24. Nos trois amis se partagent 50 noix vertes. Paul en prend la moitié, Julien le cinquième, et le reste est pour Henri. Quel est le lot de chacun ?

25. Quel rapport y a-t-il entre le nombre 4 et le nombre 8 ? — Entre 4 et 12 ? — Entre 4 et 16 ? — Entre 4 et 20 ? — Entre 5 et 25 ?

26. Une lampe consomme pour 2 sous 1/2 d'huile par heure. Pour combien a-t-elle consommé de six heures à minuit ?

27. Une fermière apporte 3 douzaines d'œufs au marché ; elle en casse 6 et vend le reste à raison de 10 sous la douzaine. Quel est le produit de sa vente ?

28. Une personne qui possédait 420 francs, perd les 3/4 de sa fortune. Combien lui reste-t-il ?

29. Une personne perd les 3/4 de sa fortune et il lui reste 210 francs. Combien possédait-elle ?

PROBLÈMES DE RÉCAPITULATION.

1. Rangez les nombres suivants par ordre de grandeur en commençant par le plus petit : 5. 2. 8. 12. 10. 29. 1. 17. 4.

2. Paul a 7 ans, Julien en a 5. Lequel des deux est le plus âgé ?

3. Ma fille, va dire à la fille de ta fille que sa fille crie. De combien de personnes cette phrase éveille-t-elle l'idée ?

4. Dimanche est le premier jour de la semaine. Quel est le sixième ?

5. Quel rang vendredi occupe-t-il parmi les jours de la semaine ?

6. Quel est le cinquième mois de l'année ?

7. Quel rang occupe octobre parmi les mois de l'année ?

8. Combien y a-t-il de jours entre le vendredi et le mardi ?

9. Combien y a-t-il de jours entre le mardi et le samedi ?

10. Quel est le trente-deuxième jour de l'année ?

11. Quel rang le 12 février occupe-t-il parmi les jours de l'année ?

12. Un homme fait 14 lieues en 15 jours. Fait-il plus ou moins d'une lieue par jour ?

13. Il est 7 heures du matin, et ma montre marque 3 heures : 1° De combien avance-t-elle ? — 2° De combien retarde-t-elle ?

14. Paul se couche chaque jour à 8 heures; il se lève à 6 heures. — 1° Combien d'heures dort-il ? — 2° Combien d'heures reste-t-il levé ?

15. Un chasseur tire sur une volée de 26 perdrix; 15 s'échappent; le chasseur n'en trouve que 7. Combien de perdrix restent égarées ?

16. Un arbre, qui a 3 mètres de hauteur, pousse tous les ans de 50 centimètres. Quelle sera la hauteur de l'arbre au bout de 5 années ?

17. On enlève 40 boutons d'une grosse de boutons. Combien en reste-t-il?

18. Paul reçoit de sa mère 3 sous par jour et 5 sous le dimanche. Combien a-t-il amassé au bout de 3 semaines?

19. 100 gâteaux coûtent 100 sous. Combien coûte la douzaine de gâteaux?

20. Une perdrix fait une ponte de 18 œufs; mais il survient plusieurs accidents pendant la durée de l'incubation : un enfant enlève 3 œufs, 2 autres sont fracassés par le vent, il y a 1 œuf b'anc, 1 des petits meurt en sortant de sa coquille, enfin 7 sont pris ou écrasés par des moissonneurs. Combien reste-t-il de petits à la mère?

21. Paul a reçu de sa mère 25 dragées; il en croque 7, et en donne 3 à chacun des élèves de sa division. Combien y a-t-il d'élèves dans cette division?

22. Paul fait 3 lignes d'écriture pendant que Julien en fait 2. Sur 15 lignes d'écriture qu'ils font en commun, combien en revient-il à Paul? Combien à Julien?

23. L'hydre de Lerne était un serpent fabuleux à 7 têtes renaissantes. Quand on coupait une de ces têtes, il en poussait 3 autres à la place. Cela posé, combien dut-il rester de têtes au monstre quand Hercule lui en eut abattu 4?

24. On achette des poulettes 3 francs la paire et 15 francs la douzaine. Quel est le mode d'acquisition le plus avantageux?

25. Quel âge avait, il y a 8 ans, un enfant qui, dans 6 ans, aura 14 ans?

26. Henri a 7 ans, son père en a 32. Quel sera l'âge de Henri quand le père aura 50 ans?

27. Passé 7 grammes 1/2, une lettre est soumise à la surtaxe. Quelles sont les deux pièces de monnaie qui représentent ce poids, sachant que 1 franc pèse 5 grammes?

28. Julien achette un cerf-volant moyennant 8 sous; sur 1 franc qu'il donne, on lui rend 7 sous et une pelote de ficelle pour appoint. Combien lui coûte la pelote?

29. Paul demande à son père quelle heure il est; celui-ci répond : Dans 10 minutes il sera midi moins un quart. Quelle heure est-il?

30. Julien se lève une demi-heure après Paul, qui se lève à 7 heures moins 5 minutes. A quelle heure se lève Julien?

31. Je pense un nombre, j'en prends le quart et j'obtiens 3. Quel est ce nombre?

32. Je pense un nombre, j'en prends le quart, j'ajoute 2 et j'obtiens 3. Quel est ce nombre?

33. Paul a 9 billes et Julien 5. Combien Paul doit-il en donner à Julien pour que nos deux amis en aient autant l'un que l'autre?

34. Si Paul avait 6 billes, il aurait le double de ce qu'il a. Combien a-t-il de billes?

35. Il y a dans une bourse 10 francs en quatre pièces d'argent. Quelles sont ces pièces?

36. Comment payeriez-vous 6 francs avec quatre pièces d'argent?

37. Payez 13 sous avec 8 pièces de 5 et de 10 centimes.

38. Combien un ouvrier qui gagne 3 francs par jour, a-t-il gagné au bout d'une semaine, sachant que le dimanche il a fait seulement 2/3 de jour?

39. On mêle un litre de vin à 6 sous avec un litre de vin à 14 sous. Combien le mélange vaudra-t-il le litre?

40. On mêle un litre de vin à 8 sous avec un litre à 12 sous. Combien faudra-t-il vendre le litre de mélange pour gagner 5 sous par litre?

41. Paul a obtenu lundi 1 bon point, mardi 2 bons points, mercredi 3 bons points, vendredi 4, et samedi 5. Combien a-t-il gagné de bons points par jour en moyenne?

42. Le plus long jour de l'année est d'environ 18 heures, et le plus court de 8 heures. Quelle est, entre ces deux extrêmes, la durée moyenne du jour ?

43. Paul a 12 ans, Julien 9 ans et Henri 3 ans. Quelle est la moyenne de leur âge ?

44. Une fermière porte 15 poulets vivants au marché, elle en vend la moitié plus la moitié d'un poulet. Combien remporte-t-elle de poulets vivants?

45. Une fermière porte au marché un certain nombre de poulets. Elle en vend la moitié plus la moitié d'un poulet et retourne à sa ferme avec 12 poulets. Combien a-t-elle porté de poulets au marché, et combien en a-t-elle vendu?

46. Paul a 52 cerises; il en mange 17, et il en donne 5 à chacun de ses camarades. Combien Paul a-t-il de camarades?

47. Paul a 97 billes. Il garde pour lui les 5 plus belles; il en donne 12 à Julien, 10 à Henri, et 5 à chacun des autres élèves de la classe. Combien y a-t-il d'élèves dans cette classe?

48. Quand Paul est premier en composition, sa mère lui donne 5 sous; s'il est deuxième, elle lui donne 4 sous; 3, s'il est troisième, 2 s'il est quatrième, et 1, s'il est cinquième. Après deux compositions, Paul se trouve avoir gagné 7 sous. Quelles places a-t-il pu avoir? (Il y a deux combinaisons.)

49. Un amateur se présente pour acheter 3 perdrix qui restent à une marchande. « C'est 1 franc la pièce si vous les prenez toutes trois, dit la marchande, ou bien 1 fr. 50 à choisir. » L'acheteur en prend deux, *qu'il choisit.* A-t-il fait un marché sensé?

50. Un homme qui ne possède que 4 liards, fait l'aumône à 4 pauvres, ainsi qu'il suit : il donne 1 liard au premier, qui lui rend 1 centime; et il se comporte de la même manière vis-à-vis des autres mendiants. On demande : 1° combien cet homme a donné ; 2° combien chaque pauvre a reçu?

FIN.

Paris.—Typ. de Mme Ve Dondey-Dupré, rue Saint-Louis, 46, au Marais.

www.ingramcontent.com/pod-product-compliance
Lightning Source LLC
LaVergne TN
LVHW021739170726
843503LV00004B/1628